四五论坛
4-5 Forum

第 29-30 期

2016-02 及 2016-03 合订本

Issue 29 and 30

Vol. 2016-02 and 2016-03

主编：Ge Yang 戈阳

鸣谢

《四五论坛》感谢您购买此书，感谢您关注中国、支持中国大陆的现代化/民主化进程。我，谨代表本杂志，希望此期刊成为您倾听异议者的声音的渠道，也希望此刊成为倡导自由民主的旗帜。

——《四五论坛》主编戈阳

目录

四五论坛
4-5 Forum

第 29 期；2016-02 卷

Issue No.: 29, Vol. 201602

主编：Ge Yang 戈阳

本期专题概述

本期是一期专题期刊，它来自 2015 年关于个人、集体与国家利益之间的关系的讨论。

按照中共长期以来所教育的"个人服从集体；集体服从国家"的思想，集体越大则利益越重要，如此，则个人的权利则成为一个国家之内最无足轻重的，这大概能够解释为何今天有越来越多的人权侵害案暴露出来，这些对于政府来说是"正当"的，因为对于中共政权来说，国家利益神圣不可侵犯而且高于一切。基于同样的道理，爱国主义便神圣到成为每个个人的法定义务，而且在此大的舆论环境下，许多个人都不假思索地接受了这些观点，甚至认为个人主义就是自私自利。

在这样的大背景下，徐文立先生主持了一次关于个人主义、集体主义、爱国主义的专题讨论，本期搜集了讨论的主题撰稿人钟国平先生对此问题进行反思的主题文章四篇。第一篇是徐文立先生的专题讨论结语，现放在了开头，作为开篇。

1个人权利及国家利益的冲突与抉择探讨系列

徐文立

我们为了"倡明新的价值体系和新的思维"，并且认为"倡明新的价值体系和新的思维应是中国当前宪政民主运动的首要使命，不然我们总是在中共的遗毒中翻滚而不能自拔"，而进行了 6 期的"个人权利及国家利益的冲突与抉择探讨"。这类探讨始终存在，我们不可能、也没有能力和权力去终结。

参与者们开始明白了：特别在中共"一党专制"没有终结之前，所谓的集体主义、爱国主义就是中共国的"国家安全"的利害所在，就是中共的"一党专制"的利害所在。我们摆脱所谓的集体主义、爱国主义的思想迷雾和束缚，我们就能够从身体到心灵上都得到解放。这才是最宝贵的，最值得珍惜的。我们开始认识到，民主宪政追求的目标是那样的简单和明确：人权至上，每个公民的合法权益在国家政治生活是首要的、神圣不可侵犯的。唯这样，才可能把执政者关进"笼子"里。

当然，我们现在探讨的内容是不是新的价值体系和新的思维，不能由我们自己做最后评判，更需要历史的检验。我们的思想碰撞了，互为"磨刀石"了，就足矣了。在历史的长河中，在这个意义上，作为个体的谁对谁显然并不重要。

凡事得有个阶段，这第六期就算是个阶段性的了结吧。

2 宪政民主与爱国救国的牺牲奉献精神根本是冲突的

钟国平

一、宪政民主是彻头彻尾否定爱国救国价值观的革命

人类文明中，宪政民主制度成为今天的主流，即使是专制暴政者、一党独裁者都不得不将自己伪装起来，弄些貌似宪政民主的假象，以避免被人民推翻。

人类社会的宪政民主制度起源于八百年前的英国大宪章，在1215年，英国的贵族们将国王约翰包围，要求国王承诺保障他们的人身自由及财产安全，并要求国王签署协议，确保贵族们提出的要求得到履行。国王在被逼无奈的情况下，与贵族们签署了这个协议，这个协议就是著名的《大宪章》。这就是人类历史中宪法的起源。宪法究竟是什么法律？其实就是被统治者与统治者签订的协议，协议要求统治者（注意，是要求"统治者"而不是"被统治者"）必须遵守协议的内容，不能因为任何原因而违背它。

不知您是否会问，"如若统治者违背协议呢？"

在当年大宪章签署以后不久，罗马教皇表示由于国王处于被胁迫中签署的协议，因此该协议无效，而英国国王本身就不愿意遵守这样一份限制自己权力而保障贵族们权利的协议。因此，国王随即宣布大宪章作废。这时，已经回到各自封地的贵族们怒了，马上联合起来，发动一场内战，国王约翰死于内战时期，由亨利三世即位。即位后，王室颁布国王令，承认大宪章，并重新颁布修改过的大宪章。

在这里需要特别提示的是：这个大宪章作为人类第一部宪法性文件，它有三个含义：1、它是约束统治者的协议，与被统治者签订；2、它保障的是被统治者的个人权利与自由；3、如果统治者不服，那么，对统治者来说，则"国将不国"。用中国的普通话来说，宪法不是用来救国的，不是为了使国家治理得更好的，而是用来保障被统治者权利的，在个人的权利、自由、财产和国家存亡之间，宪法选择的是前者。用最浅显的大白话来说，就是，如果被统治者的权利、自由、财产得不到保障，那么，你就别想当国王，我们被统治者就让你的国家不存在。用今天的法律语言来表述就是，如果宪法不保障公民权利，那么公民就推毁你这个国家。

宪法发展到第二阶段也是更现代的宪政出现的年代，也仍然是在英国。17 世纪的英国已经成为欧洲的强国，挑战着法国在欧洲的霸主地位。当时的英国已经脱离罗马天主教，实行英国国教，即新教。国王詹姆斯二世却秘密地改变自己的信仰，转信天主教，最后被英国人知道，大家非常气愤。而国王詹姆斯二世颁布法令，以"宗教信仰自由"为名，打击新教信徒，不允许新教信徒在政府任职。这次，英国贵族们再次联合起来，秘密与荷兰国王威廉和王后玛丽（詹姆斯女儿，英国公主）沟通，请他们派军攻击英国国王，拥戴荷兰国王及王后成为英国国王（对于中国的传统观念来说，这是赤裸裸的"卖国"）。1689 年，威廉及玛丽打败詹姆斯国王成为英国的共同国王。同年，英国议会与新国王签署世界上第一份真正保障人权的《权利法案》。国王的权力从此受到极大限制，英国从此走向君主立宪的道路，史称"光荣革命"。

再次总结一下光荣革命的逻辑：1、宗教信仰自由必须得到真正的尊重，否则你别当国王；2、你若打击异教信仰者并私下串通他国（法国，法国当时为罗马天主教国家）来损害我们的利益，那我们就串通他国（荷兰），用军事力量将你赶下台（当时贵族已经没有自己的武装力量了）。总结一下就是：为了捍卫信仰自由，就算没有武装，我"出卖"这个国家也要把你干下去。

从这两个历史事件看，我们无论怎么解读，也解读不出"宪政"的出现是因为要拯救一个国家，更解读不出"哪怕牺牲自己也要救国家"的意味来。与此相反，宪政的出现是因个人权利受到威胁而导致被统治者胁迫统治者签订协议，即"社会契约"而成的。这里面没有爱国或忠于国家民族、牺牲自我、留取丹心照汗青、以死成仁等等的所谓"情怀"。宪政，从一开始就是人们为了捍卫自己的个人权利而与统治者进行殊死抗争的结果，这也确定了个人权益（基本人权、财产、信仰等）排在国家利益之上的宪政原则。

自 1689 年后的一个世纪，英国前殖民地（北美）十三个州宣布独立，为什么？仍然是为了权利！有人说，是因为税收问题，对，确实因为税收问题。当时的宗主国英国刚与老对手法国打完一场可以被称之为"世界大战"的战争，虽然赢得战争的胜利，却也耗尽财力，于是将战争损失转嫁到殖民地，以各种课税弥补财政亏空。殖民地十三个州没有卷入到这场战争，自然不同意为宗主国买单。为了捍卫自己的财产权，弱小贫穷的十三个殖民地宣布独立。然而，我们多数人不知道的是，当时的大陆会议派遣年过七十的富兰克林赴法国，寻求金钱和军事帮助。如果没有法国出钱出力，我们不会看到今天的人类第一个共和制宪政民主国家——美利坚合众国。

如果用我们中国传统的价值观来评价，美国这帮人太不"爱国"了，就是"卖国贼"。自己的国家打了胜仗，自己没有参与已经应该愧疚了，怎么还不能分担一下国家的负担呢？按照中国传统观念，纳税支持国王打了胜仗，这本身就应该是"义务"，这是最起码的"爱国救国"情怀，不是吗？然而美国人却为此喊出"不自由毋宁死"，不仅如此，还串通敌国法国对付自己的国家。这是十足的"卖国"与"背叛"，完全违背了应有的君臣道德和伦理。也就是说，一个自由的宪政民主国家原来是建立在被我们所不齿的"背叛国家"、"背叛道德"、"坚持个人利益"的反道德价值观基础上的。他们不仅不会牺牲自己的"小利益"去成全整个国家的大利益，他们不顾国家的大局，仅仅为了成全自己的"私利"，这在中国人看来，已经不是"大逆不道"可以去形容的了。

到此，我们是否应该知道，个人利益与国家利益发生冲突的时候，坚持个人利益而不顾或者说冲击破坏国家利益的人成就了他们的愿望，最终以宪政民主制度捍卫了他们的个人权利与自由。而这个宪政民主制度就是——被统治者逼迫统治者签订的社会契约或曰"宪法"，违反者，它的统治地位就被推翻。

宪政民主就这么简单，没有那么多的谎言、没有那么多的伦理、也没有那么多的装饰，其原因就是人们有权追求个人的自由与幸福，国家、政府无权要求我牺牲小我利益去成全"大我"利益。

在美国独立后不久，出钱出力帮美国的法国王室陷入破产的边缘，国王即使以最温和的方式希望向教会、贵族和平民收税以缓解财政危机，但是不仅失败，而且政权也随着法国大革命的爆发而灭亡。法国经过近九十年的混乱，终于确立了民主共和国家。没有人把国家的生死放在生命的首位，没有人去为朝廷分担他们的痛苦，没有人以捍卫朝廷的存亡而自豪，有上千年历史的法国，没有人去"救"，没人"爱国"！相反，当时的法国一位低级教士写了一本书，叫作《第三等级是什么？》，这本书短短一个月发行量超过三十万，其作用相当于美国独立战争时期潘恩的《论常识》。书中说，第三等级是法国的国中之国，是法国的一切，而另外两个等级——贵族及教士，什么也不是！这是一本完全破坏当时社会秩序的一本书，颠覆了整个社会对"历史悠久"对强大的法国的认知。这种"反爱国"思想总是在宪政民主成型阶段起着及其重要的推动作用。

宪政民主的胜利往往就是彻头彻尾地颠覆原有秩序、观念和伦理的一场思想上的大革命。

二、中国追求宪政的百年历史却源于"爱国、救国"的"高尚"情操

从清末到五四运动，直至今天，我们追求宪政民主都出于"拯救朝廷"、"拯救民族"、"拯救国家"的极端"高尚"的目的。我们期待的是：民族、国家的"进步"、"改变落后挨打"的地位、"坚决反抗"外族侵略、维护领土统一、绝不充当"亡国奴"等等等等。对于这段百年历史，更多的人比我清楚得多。甚至反对朝廷都不是为自己的幸福与财富，而是为了"民族"的利益。

但是请问：你不为自己的利益、不顾自己的自由与幸福，那你追求宪政干什么呢？宪政从出生就是被统治者为了捍卫自己的追求幸福与自由的权利而逼迫统治者让步和签订协议（社会契约）的过程。宪法或曰社会契约，其本质就是要捍卫每个个人的自由与权利的，而且是不惜以牺牲国家的存在为代价而换来的。美国宪法的前言只有一句话，那就是，为了捍卫人民的幸福与自由而制定此法（大意，不是严格的翻译）。这里的人民，指的不是政府（中国政府总是自称人民），而是每个个人。

让我们看几个令国人吃惊与感叹的例子：

先举一个最近报道的一则新闻：日前美国政府正在军事法庭审判一位前士兵。该士兵被派驻阿富汗期间，擅离军营，遭到塔利班逮捕，受尽折磨。一年前，美国政府以五名塔利班将领换回该名士兵，由于其伤情严重，在医院接受了一年的治疗。上个月出院。由于擅离军营属于违反军法，因此现在军事法庭接受审判，根据法律，该士兵的罪行最高可判死刑，不过，新闻说，他的情况可能最多判终身监禁。

另两个例子，是生活中的。我在妇女庇护中心接触到两个中国女人，两人都是单身母亲，都有一个约 7、8 岁的女儿。她们一个是游客身分暂且称 A 女士，一个是失去合法身分的非法移民暂且称 B 女士。A 女士带着女儿与男朋友来旅游，结果旅游期间遭男人殴打。女人报警 911，没想她与女儿被接到庇护中心住下，吃住免

费，去外面还有专车接送，男人被关监禁。由于女人有钱，不愿意耗着，最后自己申请回国；B女人失去身分后不愿回国，正遭移民执法局起诉，期间网上交了一名男友，男友以为遇着好运，卖了房产过来与她相聚，打算结婚，没想得知她生活并不检点且没身分，只希望非法做生意赚钱。男人不仅殴打她，且威胁她和女儿安全。母女被接到庇护中心，半年后，女人拿到了联邦工作许可，一边免费吃住，一边工作，再过了几个月，她拿到临时绿卡（可转绿卡的工作许可），约两年后她将成为永久居民！

若以中国人的眼光看来，一个是罪犯，一个是游客，一个是非法移民，如果政府不给予救助，中国人可能会认为是情理之中，而当中国人得知美国花费如此大的成本在罪犯、外国人、非法移民身上，是否会非常吃惊，甚至觉得根本不可信呢？但是我见到这样的类似的例子非常多。

问题就在这里：中国人认为美国政府是在损失国家利益去维护根本不是正常美国公民的利益。这在中国是万万不可能的，别说这些人，即使是正常的合法公民，政府若给予如此大成本的救助，那也是不可能的。

那么，我继续问一个问题：如果中国也民主化了，那时的新政府会这样做吗？或者说，您认为新政府像美国政府这样做是合理的吗？多数可能，这个问题的答案是"不"。因为就中国人的观念，一个政府不可牺牲国家利益专门为某一个人服务，更不可为连正常的公民都不是的人损害国家利益，因为国家利益总是神圣不可侵犯的。

这就是问题之所在：国家利益总是排在个人利益之前——这就是传统的和正统的中国观念。在这样的观念指导下，你如果是立法者，你会制定出如此法律，让那些连正常公民都不是的人"钻空子"么？您是否认为这不是在保护人权，这是让那些根本"不配享有权利"的人钻空子？

因此，一个最为严肃的问题摆在了我们的面前：凭我们现在的认知和我们的价值观，我们未来的社会契约会是怎样的？是维护"政府权益"的卖身契，还是以维护个人权利为首要目的的宪法呢？如果我们仍然装作很"高尚"、很"爱国"、很"忠于国家"、很热爱"传统"，那么，我们在制定宪法的时候，必定想的是如何防止公民滥用法律给予的自由，如何保障国家利益为"神圣不可侵犯"的最高利益。若真的如此，请问这还能叫作宪政下的宪法吗？

有人可能说，要结合实际。中国特色论是被灌输给我们的被几乎所有人接受的借口。为了救国、为了民族大义、为了领土完整等等等等，都可以成为我们要求宪政民主的借口，但是，这些目的与宪政根本就是对立的。我想问：对立的东西真的可以统一起来吗？我自己来回答一下：那个从苏格拉底就开始的辩证法和辩证思维根本就是不符合正常逻辑的思维与思维方法，这不是我自说自话，自从实证主义方法论成熟以来，辩证思维就已经遭到彻底否定（除马列主义这种垃圾以外），因为它在根本上混淆了逻辑思辨与事实之间的关系（限于篇幅不详述）。总之，"对立的东西能统一"根本就是伪命题。

因此结论就是，如果要坚持民族大义、如果要打倒专制暴政，而同时又要坚持以国家力量来维护国家利益的话，那么，你的选择不可能是宪政民主，而只能是专制仁政而已，也就是，你的诉求不过是回到中国历史特有的循环里去——暴政到仁政再到暴政。你若说新政权依法治国，那传统朝代也都依法治国，依法治国不代表就是宪政。

有人说，我这样太过于个人主义，我不否定这一点，因为个人主义是西方宪政民主的基石，正如私有制是西方经济学的基石一样。在个人权益面前，国家利益是排在第二位的。

三、关于西方民主国家的爱国思想

您或许会提出，美国也是提倡爱国的，为什么中国不可以？美国的确有提倡爱国，我记得约翰·肯尼迪总统在就职演说的时候，讲过一句特别经典的爱国名言："不要问国家为你做了什么，要问你为国家做了什么！"

然而，不要忘记，这种爱国有一个基本前提，那就是他所说的国家是宪政民主国家不是专制国家。肯尼迪总统在就职演说以前，首先要宣誓捍卫美国宪法。而美国宪法明确规定，宪法的目的是要维护个人追求幸福与自由的权利，并且规定，任何宪法其他条款不得与人权条款发生冲突，否则为无效条款；任何法律条文不得与权利法案冲突，否则为无效法律。

而美国的爱国主义就是在这个基础上提出来的。然而即使如此，美国官方在正式的公共场合也不得宣扬某一个意识形态为官方的意识形态（意识形态指某种"学说"、"主义"或信仰，不是特定的价值观念，如人权、普世价值等）。为什么？因为必定会有一些人的意识形态与官方宣传的相冲突。例如基督教，美国有约一半人信仰基督教，是否可以作为官方意识形态呢？当然不可以，因为还有其他一半人有不同宗教信仰及没有宗教信仰，因此，将任何意识形态作为官方意识形态，则意味着破坏他人的信仰自由及人人平等的宪法原则。

因此，爱国作为"主义"在中国流行，"忧国忧民"、"为国牺牲"、"顾全大局"等传统意识形态若具备官方认定的地位，那么至少意味着我个人的利益受损。您或许会说，就你一个"个体"算得了什么？然而，宪政保护的就是少数人的基本权利，否则就不是宪政，而是多数人暴政，即使一人一票也改变不了这种性质。

四、小结

宪政不倡导爱国主义，也不以国家民族进步为己任，它就是捍卫个人自由权利。如果要追求被改造过的、异化的宪政，那么，我们不能称之为宪政，在这一点上，我们必须绝对地诚实。带着某种特定价值观念的追求，无论多么高尚，如三民主义，那只是以结束暴政为目标，而暴政的结束并不意味着自动进入宪政民主时代。分水岭就在于如何看待个人与国家的利益关系，是否懂得个人主义意味着什么。如果仅为推翻暴政，那么就应当诚实地表示不是要追求宪政民主。撒谎的政治家是遭人鄙视的。

您或许会说三民主义就是捍卫个人自由权利的，那么，我还必须补充一句：宪政民主不需要转换插座！任何真正的宪政民主国家都直白地将人权写进宪法，而不是找个别的概念性词汇去代替。中共在这方面是高手：任何事情，只要你做，就在概念性词汇前加上"非法"，然后为了维护国家利益和民族尊严，你就随时被犯罪了。例如，寻衅滋事、扰乱公务或社会秩序等等。因此，今天可以说三民主义就是指主权在民，明天就可以说，不救出那个罪犯完全符合三民主义，因为体现了人民的意志及权利。今天中共也照样说自己的政权代表人民意志，也是主权在民。总之，转换插座就是谎言的标志。

3 用个人主义埋葬集体主义精神和爱国主义"情操"

钟国平

若问个人主义与集体主义究竟是什么？恐怕不会有太多人能答得出来，但如果问如何评价个人主义与集体主义及爱国主义，许多人会倾向于认为个人主义就是浅薄的自私自利主义，而集体主义、爱国主义才是真高尚的道德情操，这种看法一点也不奇怪，因为个人主义产生于西方，而至今未能引进到东方文化中来，所以对个人主义的理解总是充满了误解，而这个理解本身也同时带有很强的集体主义或爱国主义的色彩。

真正的个人主义是什么？个人主义是欧洲启蒙运动时期所倡导的、作为反叛当时以罗马天主教为代表的神权至上的价值观而提倡的人权至上的价值观。

伍德（Wood, EM 1972, p6）将"个人主义"定义为"一种道德价值观、政治哲学、意识形态或者说一种社会愿景，它强调：从道德体系上评价，个体的人才是真正重要的。"个人主义者倡导个人通过努力去实现自己的目标和愿望，并以个人的独立性与自我依靠为基本原则，同时，个人主义者拒绝任何来自外界的，包括社会或任何机构（如政府），对自己的个人利益（利益指权利与财产——笔者注）的干涉。个人主义的基本观点是"个人是为自由而战的人类事业中的核心"（Brown LS 1993)。故而，个人主义概念本身就已经包含了自由主义的哲学思想，即，个人主义就是追求"个人的自由权利及自我实现的权利"（Wood, EM, 1972, p6－7)，是自由主义的基础与内核。

美国是人类第一个、也是迄今唯一一个以个人主义为核心价值观而立国的国家。用美国独立宣言的话说就是，每个人天生就有"追求自由及幸福的权利"。美国学者 Craig Biddle (Biddle C, 2012) 指出，"在政治上，个人主义是美国建国者们在当时意欲解决的最实质性的问题......那就是，一片自由的土地，一个特别的社会，它拥有一个只做一件事并将它做好的政府，这件事就是：平等地保护每个个人的权利...... 为达成这一目的，美国将组建一个由立法会，法院，警察和军队，以及对于保护个人权利来说必须设置的其他部门和机构组成的政府，这将是一个符合期望的和尊重人权的政府。"

关于个人如何对待集体利益（包括团体、民族与国家）的问题，个人主义认为，一个人参与社会活动的目的是为了增进他自己的权益或追求自己的幸福，或者至少是要求有这样做的权利，而不承担将社会利益纳入自己的个人追求之中的义务（这并非说个人主义者是不择手段的利己主义者）。个人主义者从来不赞成为了"更高尚更宏大的社会事业"而牺牲自己的利益。相反地，集体主义却要求个人为集体的荣誉与事业而奉献自己的利益乃至生命。

哈耶克（Hayek, F.A., 1994, pp. 17, 37-48） 就在其著作《通往奴役之路》一书中指出：个人主义经常地要么被极权主义(totalitarianism)要么被集体主义作为对立的价值观而指责。在中国，个人主义者被描绘成自私自利、损人利己的小人。依据此逻辑，美国国父们全都是小人，出卖了英国，尤其富兰克林当上了英奸，串通法国，分裂了英国，破坏了英国的国家主权。相信集体主义的中国人尤其应当批判托马斯•潘恩，他叛逃英国，到美国没多久便写了《论常识》，发行之广已达到人手一册的程度，号召大家起来推翻英国统治。这本书鼓励了许许多多人起来向英国宣战。中国人按照自己的集体主义价值观怎么能理解这个人不是英奸而是英雄呢！

那么，集体主义是什么呢？MBA 百科【注 1】的"主导价值观"词条是这样描述集体主义的："当我们在协调个人与社会关系时，集体主义的价值取向应当是社会共同利益。当国家利益、团体利益、个人利益发生矛盾时，应当把社会主义国家利益放在第一位，个人、团体要自觉服从国家利益。这是现阶段集体主义价值观的最高境界和最高要求。" 国内学者王海明（2004，P1）引述斯蒂芬•R•C•黑科斯的话说"集体主义是与个人主义相反的理论，它认为社会集体比组成它们的个人更重要，个人有义务为了集体的利益而自我牺牲，不管这些集体是阶级、种族、部落、家庭还是民族。" 在这里我们看到，集体主义所谈的集体小至家庭，大至国家，都包括在里面。而集体主义将利益的重要性按照集体的级别与大小排序，越大者利益排序越靠前，而利益的大小则看集体所涉及的地理范围，范围越广，利益越大，因此在所有排序中，"国家利益排到最前面，成为最高利益"，而个人的利益排到了最末位。也就是说，在一个这样的国家，个人永远是利益受损者，其利益根本无法得到保障。

关于爱国问题，有人提出质疑：前苏联抗击纳粹德国算不算爱国？中国抗击日本军国主义侵略算不算爱国？港英时代反抗英国殖民主义（等于同时支持中共接管香港）算不算爱国，现在香港反对中共专制（刚好与港英时代对立起来）算不算爱国？

在此特别回答一下，爱国主义是一种价值观，具有相对稳定的定义，在特定环境下，其判断标准是一致的，不会变来变去。以上这些问题并不能简单地用算不算爱国来归类，这种政治事件中包含非常复杂的各种关系，是国与国之间的利益较量。而爱国主义是个人与国家之间的利益对比。因此对于以上事件，不能用爱国与否来描述，只能用形容词，诸如正义、道德、人性等等来衡量。特别需要注明的一点是：爱国主义作为价值观，它不是形容词，不能当作形容词那样给任何事情贴标签，尤其不能替代"正义"等形容词用在任何想象中的事件上，否则就会出现"港英时代支持中共叫爱国，中共统治时代反中共叫爱国"这样的不合逻辑的命题来。

爱国主义在中国就是以集体主义的面目出现在中國人面前的，它属于集体主义中的最大利益方，因此成为"神圣不可侵犯的"集体。所以，爱国主义倡导者明确要求公民为國家奉獻，并大力宣扬讚譽為國家"犧牲生命者"，更有甚者，爱国主义被列入宪法，成为每个公民必须履行的责任。王海明（2004，P2）表示，"遵守集体主义原则而自我牺牲的最终净余额是利,是利益总量的增加,符合『最大利益净余额』的道德终极标准"。所以，从终级原则上说，集体主义就是以"个人的牺牲"为最崇高境界的爱国主义，这种牺牲包括个人的利益乃至生命。

据此，在国家利益面前，只要是"利益总量增加"，公民就必须牺牲。牺牲成为了个体的生命价值与意义，有时更美其名曰"留取丹心照汗青"。在集体主义社会中，个人的生命与财产并不真正属于自己，而是属于集体，小至家庭，大至国家，就是不归自己所有，换句话说，个人，无论是财产还是生命，首先是服务于国家利益的工具和手段。对于一个个体的生命，只要是有利于国家利益的总量增加，那么个人就应该付出哪怕是生命的代价。而个体本身的待遇呢？自愿牺牲者，得到一张奖状、一枚奖章或少量金钱补贴；不愿牺牲的，国家必采取强制手段迫使个体作出牺牲。例如强制堕胎，哪怕活婴生下来了，也要将其弄死，30 多年来，过亿的性命还未出世便因为"利益总量增加"的目标而夭折；饥荒年代的 1958－1961年，哪怕全村人被饿死，也不允许出门乞讨，如此几千万生命一文不值地冤死，而与此同时，国家正运着粮食分文不收地送给阿尔巴尼亚，以增加国家的"利益总量"；成百上千万的家庭被强拆，千万人流离失所，成为访民，结果是：访民为了"利益总量的增加"而被劳教、坐监、甚至致残、致死；以爱国为名，几百万"志愿"军被送进朝鲜，冻死、战死无数，一个黄继光邱少云的故事就打发了所有受伤受难的家庭；无数个聂树斌的生命作为活体备用器官用以挽救领导人、有钱人和社会名流们的苟且之命而不知所踪，这也增加了"利益总量"……

从个人主义观点看，这是极为卑劣的以"柔性教育"为名剥夺公民权利乃至生命的欺骗术。它在"实施教育和概念推广"的时候，都是用西装革履、美女鲜花、儿童笑脸来掩盖血淋淋的"强制措施"、"暴力逼迫"、甚至是残忍杀戮。从根本上，这样一个"神圣不可侵犯的利益方"——国家，对个人生命采取了极端漠视的态度，根本不理会个体的呼喊与哀嚎，缺乏最起码的人道精神。

在这个"主权至上"的神圣不可侵犯的国家，在这个严厉斥责"人权至上"、故意将"个人主义"污蔑为自私自利、损人利己的利己主义"的国家，这样的爱国主义还将断送多少无辜性命才够满足"国家利益"的胃口呢？爱国主义、集体主义一旦与政权相结合，就变得极其卑鄙无耻和猥琐不堪。正如英国启蒙运动时期著名文人萨米尔•约翰逊所指出的那样："爱国主义是骗子们的最后的避难所。"

在这样的国家，法定的利益排序已经明白无误地告诉我们：个人的利益排在最后，个人的利益受国家侵蚀根本就是国家法律的一部分。请问：在这样的背景下，纵使有过亿维权案件，你能呼吁几件？维权成功的案例能够有几例？或者，维权能够解决个人生命财产没有安全保障的问题吗？类似这样的问题无法穷尽，但是答案只有一个，那就是，在集体主义的天下，我们无法正常生存，更不用谈自由与尊严。

与集体主义的奉献牺牲要求相反，人的本性通常是利己的而不是甘愿自我牺牲的，这是人的本能。这一点，哈佛大学一位教授在给几百名学生上大课时，就做过一个现场调查，发现真正具有利他主义心态和价值观的，仅有一位女同学，该课程的视频可以在优酷的哈佛大学公开课里看到。那么在集体主义横行的中国，个人如何面对利己心态与集体主义所要求的自我牺牲呢？

西方学者普遍认为，集体主义盛行于高语境社会（即，表面的文字表达并非真实含义，真实含义必须结合沟通过程中的身体语言、说话者背景、不成文的习俗等等因素进行综合分析和判断——笔者注），如东欧国家、伊斯兰教国家、印度、中国、日本等东方国家。这种高语境的本质和我们熟知的"表面一套，背地一套"是一脉相承的。这就是处理个人利益与集体利益之间的矛盾的方法：在口头上，说的比唱的还好听，在背后拉关系走后门，使尽全部招数让他人充当"国家利益"的炮灰。而同时，每个人在表面上严肃地表态"甘愿牺牲"，结果，那些没后门没能量的，就成了淘汰品、集体主义的"祭品"、案板上的鱼肉。所谓"人吃人"的社会不就是这样来的吗？

例如高喊要与日本决战的人，没有谁真会上战场，他们要么年纪大了或不足，要么体格不够入伍或者有关系避免入伍。然而在这样的爱国舆论影响下，只要中共一声令下，他人就上去送命了，去打一场根本不可能赢的"战争"，牺牲者统统化为一个一个的数字，供人作舆论消费。这样的集体很和谐，一个一个都是义正辞严的、坚定的爱国者，都发誓要为集体利益献身，反战者即使不被抓，也一定被舆论骂个狗血喷头。于是，和谐的国家，只听到鼓掌喝彩声，真是好一幅同心协力的共产主义捍卫者的完美画面。

就此，读者可以对比一下：面对战争，个人主义者究竟是如何表现的：

有人会说，英国、美国、法国历史上，那么多有钱有地位又有事业的个人主义者，不惜牺牲自己而亲自上战场，这不是与个人主义所说的"不牺牲自己的利益"相矛盾吗？而相反，集体主义者们，在喊尽了爱国口号宣誓效忠祖国的人，临到战争来临，却总是将他人送上战场。这又怎么解释？

关于个人主义者冒死上战场的情况，的确，美国宪法起草者中，绝大部分都是扛着枪亲自上战场的人，他们是独立战争的幸存者。这里，笔者需要做一个澄清：这些幸存者在打仗时仍然还是英国人，至少不被英国当作"美国人"，因此，在英国看来，他们就是分裂分子。如果失败，他们将性命、财产全无，这才是"不自由毋宁死"的真实含义。

不过，无论国家身份如何，参与自由抗争的英国、美国、法国人都将争取自由看作是自己个人的事业，追求的是自己的个人价值。这与大多数中国民运人士为了这个国家、这个民族而争取更好的、更进步的社会制度的心态是不一样的。前者是为追求自己的幸福而冒死抗争，后者是为了"他人"、为了"社会进步"而抗争，基本上没有生命之虞（最近30多年很少有死刑判例）。

正因为目的不同、风险程度不同，所以，抗争手段也不同。世界民主宪政的历史告诉我们：以"不自由毋宁死"的气概去争取自由的个人主义者们，他们考虑的是个人的利益，在自由被剥夺的时候，他们看到的是自己的权利受到侵害，自己的尊严被践踏，因此，他们不以"国家、民族"为重，不是在为国家为集体献身，他们是在以生命捍卫自己的利益——尊严及自由。所以他们没有"顾及国家、民族利益"的心理负担，他们要将自己的尊严与自由放在首位。

若为此牺牲，那是为了捍卫自己的自由与尊严而不是为了国家民族而牺牲，他们对于我们日常认为的"伤害国家、民族利益"没有任何负罪感，因为用生命博尊严本身就超越了任何其他的价值。

例如美国在独立宣言出台的时候，他们失败的风险是很高的，因为英国海军乃世界霸主，所向披靡，而宣布独立的所有人中，只有华盛顿一人带过 1000 多人的部队与装备极原始的印第安人打过仗。如果不是后来争取到了法国的金钱、军队以及法国的盟友西班牙的海军的支持，使法西舰队联合阻击英国海军，外加法国出钱出陆军在美国本土主导战争，这场独立战争根本不可能打赢，他们的下场可想而知。

这就是个人主义者的人生态度：个人的自由与尊严才是神圣不可侵犯的，必须用生命去捍卫，而国家、民族利益必须排在个人之后。历史之所以成就了他们，不是因为集体、爱国主义的所谓"大义"将他们凝聚在一起，而是个人主义者们为了捍卫自己的权利与生命尊严而进行无间合作，并且既然已经背水一战，他们自然不在乎"出卖国家"利益，所以对于分裂国家之类的问题连考虑也不会。

中国民主奋斗史却不同：如果你为了"国家民族"的政治进步而战，你会将国家民族作为至高无上的崇拜对象，绝对不会让国家民族在你争取自由的事业中受到任何伤害，即使你的目标根本无法实现。实际上，中国民主人士的这种态度决定了，国家、民族是否进步的目标与民主人士的个人没有直接的利害关系，个人已经为了国家、民族牺牲了自己的个人利益了，因此，民主人士这时"站在第三方立场"上，很超然、很"中立"地"权衡"国家利益与国家、民族进步事业之间的关系，最终，几乎所有的民主人士都在权衡之后，将焦点放在"国家利益"上，因为"国家、民族利益"是"神圣不可侵犯"的，更因为自己基本不会有性命之忧（当然不排除受皮肉之苦等磨难）。正因为这样的观念，许多中国人对于孙中山当年依靠日本、俄国等国的帮助才夺取政权感到羞愧，许多追求民主的人士尽量回避评价孙中山的这段经历。

多数中国民主人士对历史上美国人宁肯国家灭亡或国土丧失也一定要获得自由的权利不是这样理解的，他们认为这些人不是英国人而是美国人，因此，不认为这些人的分裂国家的行为是在分裂国家。这样大家就心安理得了，因为如果说他们原来是在分裂国家，那么对于为了"国家、民族、社会进步"的中国进步人士来说如何能够接受？

正因如此，只要中共以"出卖国家、民族利益，勾结海外反华势力"为借口，便可以名正言顺地抓捕任何人士了，当局就是力图以此罪名构陷郭玉闪的。而律师们的辩护通常只是说他们的当事人"未曾勾结海外反华势力"，言下之意，若真勾结了，那律师和当事人都会承认"罪行"。而英美法，作为三个世界上民主自由国家的先驱，没有一个不是借助外来军事力量或"出卖国家"利益而成功的。

最后，笔者呼吁各位中国义士，站在不同角度，不同立场，重新审视一下自己的观念，重新认识个人主义、集体主义、爱国主义问题，再决定究竟是否应该用个人主义去埋葬横行于中国六十六年的集体主义精神及爱国主义情操。请同时思考若未来你的付出有了回报，中共被赶下台，你是否也要用这样的中世纪式的以牺牲奉献为核心的爱国主义精神要求新的国家的人民呢？我不得不忧虑这一点，因为这样的事情极可能成为使我们再次陷入专制轮回的重要原因。

【注 1】

MBA 百科，http://wiki.mbalib.com/wiki/主导价值观

参考文献：

Biddle, C. (2012). Individualism vs. Collectivism: Our Future, Our Choice, The Objective Standard, Vol. 7, No. 1., 2012. Accessed on Apr 10, 2015 at https://www.theobjectivestandard.com/issues/2012-spring/individualism-collectivism/

Brown, L.S. （1993). The Politics of Individualism: Liberalism, Liberal Feminism, and Anarchism. BLACK ROSE BOOKS LID. 1993

Hayek, F.A. (1994). The Road to Serfdom. United States of America: The University of Chicago Press. pp. 17, 37–48. ISBN 0-226-32061-8.

Wood, E.M. (1972). Mind and Politics: An Approach to the Meaning of Liberal and Socialist Individualism. University of California Press. 1972. ISBN 0-520-02029-4. Pg. 6

王海明，（2004）. 集体主义之我见，上海师范大学学报哲学社会科学版，第 33 卷，第五期，pp.1-5, 2004 年 9 月

4 人权至上是宪政民主之根本，民主专制之分水岭

钟国平

随着习近平上台，与所谓反腐风暴同时进行的是对民间"自由意识形态"的严厉打压和对人权的任意破坏，其规模与严厉性到了三十多年来的最恶劣的程度。最为极端的案例就是中共以其内部的九号文件属国家机密为理由（"党"的文件变成了"国家"的机密），拘押将该文件曝光的资深记者七十一岁的高瑜女士，并判七年重刑。此判决遭到了国内外社会的严重关切与严厉谴责。在这样的背景下，环球时报 4 月 22 日发文称"言论自由与国家安全决不能对立"，高瑜侵害了国家利益，与言论自由无关。

对此，许多人发表文章对该文进行批驳，有两篇短文还在社交媒体上广泛流传：1、指出"环球时报的文章偷换"国家"和"政权"概念，自然也就毫无逻辑和说服力。政权不等于国家，政权的强大建立在文明进步的基础上，文明的前提是创新，创新的条件是自由宽容。能够被言论自由毁掉的政权，一定既不宽容也狂悖无道。" 2、指出"言论如果能破坏一个国家的安全，可见这个国家已经不安全到了何种地步，说话就能把它说死，你说还安全吗？" 两个批驳不可谓不严厉，可惜无一切中要害。

首先第一个回答认为"国家"不等于"政权"。这个观点是值得商榷的。政权本质上就是一个国家的代表，它代表国家行使主权。例如，美国总统，既是政府首脑又是国家的代表，这是美国总统的法定职能，因此美国总统发言就是代表美国发言。否则，一个在任的美国总统若随意发表个人意见，那他是难以胜任美国总统的。因此，我们不能否认政府意见就是国家意见，这其中不存在偷换概念的问题。只不过，类似于中国这样的完全丧失民心的政府，其意见不仅不代表人民的意见，而且国家意志与人民意志是冲突和敌对的。对此，我们只能说，政府已经成为人民公敌，使国家遭到绑架。其次，政权不一定必须建立在文明进步的基础上，它作为国家的代表行使国家主权，无论文明进步是否被政府当作自身的使命，政府都一定存在，否则就没有行使国家主权的机构。而"文明进步"

作为抽象的概念，任何政府都会声称自己在维护与促进文明进步，不仅中共这么说，连当年希特勒政权也决不会说自己是反人类的，也照样会披上"文明进步"的外衣。第三，创新并非文明的前提，而是文明的结果。例如，文明程度高的社会，其创新多且强，文明程度低的社会，创新少而弱。事实上，文明是一种存在，其发展不需要前提，因为只要有人群有社会的地方，就有人类文明，历史学和考古学都证实了这一点，它好比人有求生与发展的本能一样，不需要有一个前提理由才会活着，而且文明的发展并没有一个象中共所吹捧的马克思主义所宣称的"普遍规律"，不一定每个文明都朝文明进步的方向发展，历史上有些文明停滞不前，有些文明中途消失，只有少数文明在一定阶段是朝着文明进步方向发展的，而整个人类发展常常是由少数文明推动的。

而第二个批驳则更加显得苍白了。作者结论是，"这个国家已经就不安全了"，那么这个结论不正好合了环球时报之意吗？环球时报就是要说"国家安全"受到挑战，而你在此说，这个国家不安全，那等于是支持了环球时报的说法，即为了国家安全，有必要限制言论自由。这无异于无意中在帮着环球时报说话了。

虽然我们明知环球时报的文章有错误，为什么我们却难以有效驳斥它，那么环球时报的这篇文章的问题究竟出在哪里？从问题实质上看，环时的论调就是，"涉及国家利益的时候，就没有个人自由"。稍加解读一下就是："在个人自由与国家利益之间，国家利益必须保障，而个人自由必须让位"。取与舍非常清楚。在这个问题上，中共的立场至今始终一贯，那就是：为了国家利益，个人必须牺牲一切，包括但不限于个人的自由权利，中共索要的更多。

这样一看、这样一想，"个人主义和集体主义是不是根本对立"的那个"扣"，是不是就可能解开了？

如果还是不明白？那请容我们继续论说下去。

为了让众人服从国家利益至上的原则，中共一直引导与宣传"个人服从集体，集体服从国家"，否则就是个人主义自私自利。至今这一原则仍然得到几乎所有的中国人支持，有如当年的德国人支持希特勒的民族主义那样坚定和虔诚。而这恰恰才是中共得以立足的根本。在现实生活中，虽然中共宣传的马列主义已经破产，目前所宣传的替代价值观——传统道德和爱国主义，其目的不过是要将西方价值观及普世价值排除在国门之外，但是中共却仍维持着对中国的有效统治，原因就在于在意识形态上，这个"国家利益高于一切"、"国家主权（含领土）神圣不可侵犯"的观念仍然得到极为广泛的认可。人们还是认可："国家的事再小也是大事，个人的事再大也是小事"的价值观。因为这一价值观广泛被接受，环球时报的这篇文章才能站住脚，因为大家一般都不会挑战"国家利益高于个人的自由权利"的说法。

更有甚者，绝大多数人不仅主动地接受这样的观点，而且还用一种看似有哲理的、"放之四海而皆准"的套话来说服他人："自由是有条件的"、"自由不是绝对的"。诚然，宪政民主下的自由也不是绝对的，它有限度，但是此套话绝对不会告诉你这个条件及这个限度究竟是什么。环球时报适时利用这个空子指出这个限度就是"国家安全"，并指出高瑜越过了自由的限度，即国家利益，因此，问题演变为国家安全问题而不是自由权利问题。

然而，在宪政民主之下，自由权利的限度不是国家利益或国家安全，而是其他个体的法定的同等自由权利（即在尊重自己的同时，也必须尊重其他任何一位个体，"即便挥拳，也不可以碰到他人的鼻子"），用高瑜这个案子来说，只要高瑜的行为不妨碍其他个人的自由权利，她的自由权利就不可以被剥夺，也就是说，环球时报以国家利益、国家机密为自由权利的界限与条件根本就是与宪政原则相冲突的。

由此可以推断为什么九号文件要出台：其真正目的无非就是让学生让大众继续远离宪政下的这些概念，让空话套话继续成为他们编造谎言混淆是非的工具，以剥夺公民的自由权利。"自由是有条件的、自由不是绝对的"这种断章取义的谎言，不仅给中国人民加上"自由"的枷锁，而且还绑架了这个国家。

而情况更是远不止于此，我们的自我意识也在这谎言宣传中丧失殆尽，最终我们使自己沦为统治者的工具而不自知。在集体主义精神鼓励下，我们将"牺牲小我、成就大我"作为"高尚情操"与"爱国情怀"，并以"位卑未敢忘国忧"来进行所谓的自勉与互勉。我们总是深深地认同"维护国家统一"、"维护国家利益"与"主权神圣不可侵犯"的"大局"。 随着集体主义观念的形成，我们否定了人类最基本的本质特性——自我意识。自我意识是自婴儿出生就能逐渐形成的特质，而我们在集体主义教育之下却将它埋葬。在这种状态下，我们拒绝个人主义，将之等同于自私自利的利己主义。但实际上，个人主义指的是以独立的人格通过自我奋斗去发挥自己的潜能，实现自我价值，它与利己和利他没有丝毫关系。举一个我们所熟悉的概念为例："美国梦"就是个人主义在美国的体现。

长期以来，我们无法区分集体主义与西方的团队精神究竟有什么不同。我们不了解：所谓的集体主义就是，以"牺牲自我"、"忘我奉献"和所谓的道家的"无我"的"最高"境界来消灭自我意识和否定个人的自我价值，从而使集体的利益得到保障；而西方的团队精神决不要求任何个人为团队牺牲，而是以合作为手段促成团队成员实现自我价值。

为具体说明集体主义与团队精神的差别，我举个简单例子：某团体要搞活动，在确定活动时间的问题上，集体主义精神要求活动时间必须是最适合团体的整体时间表的，如果个人的安排与它有冲突只能由个人自己重新安排自己的时间，哪怕是安排的结婚日，个人也得更改自己的计划；而如果是团队精神下的团体，它不会先确立好时间，而是由大家提议时间，最后选择每个人都能接受的时间为团体活动时间。

这里可看到两种方式的差别：

1、集体主义从不考虑个人的意见与安排，理所当然地顺从集体计划的时间，这就是集体利益优先原则；而个人主义下的团队则不会预先确定时间，由成员们自己提议时间，相互协调各自的计划表，最后得到一致意见；

2、集体主义的团体，其时间的确定往往由领导说了算，确定后没有修改余地，因此，集体下的个人必须本着集体利益为重的原则，牺牲自己的时间和社交活动，由此，个体意志被消灭掉；然而个人主义下的团队只有召集人，却没有领导，团队决定由团队成员自愿提议，大家讨论确定，谁都不需要牺牲自己的个性成全不存在的集体意志，因此，经过每个个体赞成的方案成为团体的意志，它包容了个人的意志。

3、由于集体主义的团体为金字塔结构，一切安排都由领导说了算，所以领导很方便地将自己的时间表作为做决定的基础，最后确定的活动时间一定是符合领导个人意志的，即，集体意志本质上是领导的意志，这是腐败的温床；而个人主义下的团体，其组织为扁平结构，每个人的意见都具有同等重要性，最后决定只能是各成员协商的结果，不是任何一个人的意志的体现。

当自我意识在集体主义中被泯灭之后，人对个人价值的认同变得极低，自称"人微言轻"是人们的口头禅（而这在自由主义社会是不可思议的），人将"国家利益"、"民族价值"放在至高无上的重要地位：为它生为它死。在不关乎自己的事情上，集体主义者总显得很正义，从不考虑任何其他个体可能受到的冤屈和不幸。例如，大陆根据中央经济发展计划，各城市也出台相应的城市建设规划，这种规划牵涉到经济计划和政府预算，因此也就牵涉到拆迁工作进展与拆迁补偿。于是，凡是不同意政府计划实施的个人都会遭受严重的打压。然而普通人看到的却只是高楼大厦、高速公路、花园洋房，并为"日新月异的市政美化工程"感到自豪，却不知这背后多少人被迫牺牲自己的生计与性命。

由于大家都认同国家利益为第一利益，所以，当环球时报抛出"国家安全"之类的借口时，我们最多只会说，高瑜的行为没有危害国家安全。言下之意：如果个人权利真危害到了国家安全，那么我们也没话说，国家可以处罚行为人。但这个观点是不对的，个人的自由权利根本不可能侵害国家利益，因为国家的存在就是为了保护个人的自由权利的，这既是事实，也是宪政民主的原则。我们想一下：个人自由权利不过是言论自由、信仰自由、免于恐惧与匮乏的自由。请问这样的自由中有哪一个可能威胁到国家？

在宪政民主国家，自由是一种权利，神圣不可侵犯的权利，而国家领土却并不神圣，历史上，西方国家经常以国土为交易、赔偿、支付、拜爵等手段，因为它就是具有商品价值的财产，与生命无价的个人根本无法相提并论，二者孰轻孰重，从基本的人道主义精神就可以很容易地分辨出来。这就是为什么说，国家利益必须排在个人权利之后，因为生命乃万物之灵，是最尊贵的，生命有其独特的人格尊严。几乎所有宪政民主国家，在历史上都有失去领土、战争赔款、被他国统治的历史，但是，他们不将这些与"荣辱"相结合，也不因此唠叨历史人物爱国或卖国，更不将被他国统治的历史贴上耻辱的标签。因为生命是第一位的，神圣不可侵犯的只有公民的自由权利，它是生命的尊严。

宪政民主、普世价值之所以在今天如此普及，就是因为这样的信念支持着人们不惜一切代价（包括丧失国土）去捍卫自己的自由权利而来的。在 1215 年的的英国，贵族为捍卫自己的权利而进行反叛，使英国永久地丧失了诺曼底这块原属于英国王室的大片领土；1688 年的光荣革命导致爱尔兰人的反叛，最终南部爱尔兰人脱离英联邦而独立。法国为了实现民主宪政，历经 90 年的波澜起伏，期间多次对外战争也经历多次战败，并失去大片北美殖民地领土。

但在中国，我们既希望争取自己的权利，同时又无法面对宪政民主的最根本的原则，即"人权至上"原则，也有人称之为"人权高于主权"原则。民运人士甚至采取回避的态度，美其名曰"人权与主权没有冲突：没有主权就没有人权。"实际情况真是这样吗？错，没有主权不表示没有人权，香港就是一例，人权在港英时代远比现在有保障得多。

宪政从定义上就是保障个人权利的法律制度，从未将国家利益与个人权利并列放在首位。1215 年的大宪章坚持的就是执政的合法性必须是维护个人权利的社会契约。"宪章"的本意是"权利授予书

"，意思是，社会地位高的人（君主）签署正式文书授予比自己社会地位低的人特定的权利与财产。由于贵族们的土地财产是国王封的，而没有协议的情况下，国王可以随时撤销分封。《大宪章》规定：国王不得任意撤封贵族和没收其家庭财产（之后延伸到每个国民），而必须遵照法律程序。它是一部保护"个人人身财产安全的协议"，这就是约翰•洛克所谈的"社会契约"的雏型。1688 年的英国光荣革命在当时遭到一些人的质疑，认为这是非法剥夺王权的政变，而英国哲学家约翰•洛克为这场革命提供了最为完美的注脚，指出这就是社会契约，它使得君主统治具备了合法性。社会契约，而不一定是一部被称为宪法的法律，才是宪政的真正的核心。社会契约的根本原则就是人权至上，人权保障是统治者合法存在的前提，故而国家利益只能也必须排在个人权利之后。

有读者或许会问为什么英国没有一部成文的宪法，那是因为宪法的本意是：一个国家或其他组织在被统治和管理以前确立的最根本的原则。英国建国于 1066 年，光荣革命的时候已经有 600 多年历史了，它不同于 1789 年的美国，美国是第一个形成成文宪法的宪政国家。当时的美国正在组建一个全新的共和国，因此，在这个共和国政府成立前先行确立了组建政府的法律——宪法，用以确立人权至上的法则。在美国，正是由于反联邦主义者的质疑声音，美国才得以在美国政府组建以前，将权利法案纳入宪法之中，明确将人权作为最高法则，即，宪法中的任何条款不得冲撞权利法案，未来制定的任何法律的任何条款也不得冲撞权利法案。

因此，无论是否有明确的成文宪法，一个宪政国家的首要法则就是"人权至上"，使国家得以成立，政府得以获得合法的统治地位。也就是，宪政从最一开始就是一个国家的被统治者在确立被政府合法统治以前制定的以人权至上为根本原则的社会契约，从定义上看，宪政根本就不曾包含"国家至上"的专制统治的原则。正因如此，自由权利虽有界限，但从来就不是国家利益和国家安全。

那么一个宪政国家如何在面对外来威胁的时候保护自己国家的主权呢？这是由各国根据自身相关法律程序在人民授权之下宣布国家进入战争状态来实现的。也就是说，在战争状态下，某些自由权利可以根据法律暂时让位于国家利益，以维护国家主权。但是，这并不包括不在本土发生的战争，例如美国历经的多次海外战争过程中，美国本土从未宣布战争状态，因此，人权不因为海外战争而遭到限制。

在中国大陆，政府随意以国家安全、国家机密、国家利益为由剥夺公民自由和权利，在未进入实质上的和法律上的战争状态下，以一般法律取消宪法规定的公民的集会游行示威的权利、言论自由、信仰自由的权利，更以各种连法律都算不上的"文件"直接践踏公民的自由与权利。这就是发生在高瑜身上的事件。中共所谈"高瑜事件关乎国家安全，而与人权无关"，这种说辞是典型的专制独裁政权对公民权利的剥夺与践踏。

为什么中国有宪法却无人权呢？因为中国的宪法不是国家成立以前由人民制定的以"权利至上"为根本原则的社会契约，而是中共暴力推翻前政权，擅自组建政府后，自己主导制定的出卖人民权利的"民众卖身契"，这一契约表面上为了国家与民族，但是在这个借口之下，不仅民众利益被出卖，而且人民的自由与尊严也在"爱国主义"的美丽外衣下被剥夺得一干二净。

有人，包括民主人士，会以"国情论"来宣示西方的宪政不符合中国国情，中国人的"主权第一的意识"无法放弃，因此中国要主权也要人权。这样的人可能不在少数，然而，谁也没说过要人权就不要主权，说的只是主权第一是抵触宪政民主的。国家利益与个人权利，虽然多数时候可以不冲突或者并无直接关联，但是，人权与国家主权只能有一个是第一位的，那就是人权。当自由人将权力交给政府之前，人权第一就是政府的承诺和自由人的要求。从宪政出现至今的 300 多年的历史看，以人权至上的宪政制度从英国到美国到法国，一步一步地稳步传播开来，至今已经受到 90% 的国家认可，这不正好说明以人权至上的宪政不会破坏国家安全吗？还有什么样的国情比这个更严重？

这 300 多年来，我们看到的不是宪政国家的安全与利益遭受损失，相反我们看到，在专制国家，人权遭到践踏而国家利益并未得到保护，因为国家利益只是政府领导的个人意志与利益，是腐败的根源。中共领导层利益集团，除了以国家利益为借口迫害公民剥夺全民权利之外，所做的全部是以执法名义损害国家利益、损害民族利益和危及整个民族未来的前程。

富豪榜上的人，他们的财富根本比不上邓小平、李鹏、习近平、温家宝等领导人家族的财富，真正上富豪榜的应该是中共领导人！这样的国家利益和所谓主权你为什么要维护？高瑜的生命尊严、自由权利为什么要被他们侮辱？

至此，笔者为全文作出结论，就是：人权至上的制度才是真宪政民主制度，主权至上的制度就是赤裸裸的专制制度。

5 "个人及国家利益是正义与利益之间的抉择"总结

钟国平

从整个讨论过程中，笔者感觉不少人对于个人主义、集体主义、爱国主义存在着因望文生义而并不真正理解中共所宣传的概念，导致可能是不合自己本意地附和了政治宣传，故此再次总结一下，希望通过另一种解释澄清这几个概念，消除误解：

一、个人主义

个人主义(individualism)目前仍然为流行于西方宪政民主国家的价值观，它有两个含义：1、个人为独立的个体，其独立性必须受到尊重，个人不依附于家庭、组织、团体、社区或国家而存在，因此，个人有权在任何事情上独立作出自己的决定，任何人和团体（包括政府）不得干涉；2、正因个人为独立的人，个人完全可以也应该独立奋斗去实现自己的理想和目标，而不受家庭、组织、团体等等的背景影响。

个人主义在美国最突出，其代表就是美国梦，美国梦的典型人物就是亚伯拉罕·林肯，从一个穷人家的孩子成为美国总统。

这种价值观背后就是"天赋人权、人人平等"，为了使每个人能够独立发展，社会必须对每个个体采取完全平等的态度，使得每个人有平等的发展机会，而同时对于遇到困难的弱势群体给予必要的救济。社会救济、社会基本福利、对妇女儿童的保护等社会服务系统都是基于这样的价值观发展起来的。

在此谈一下利己主义，利己主义并非个人主义的延伸，个人主义是作为与神权对立的概念提出来的。中世纪传统欧洲的观念是一切听从神的启示，而由于教士阶层成为神的代言人，因此，这样的观念转化为一切听从教士的教诲。个人主义就是出于反对这种对教士阶层的依赖提出来的，核心就是认同个人独立性及个人价值。它与利己利他的概念没有任何关系。

利己是心理学中的一个概念，专门指那些心理上有严重的自我中心倾向的心理状态，英文词为 ego，有这种心态的人英文词被称作 egoist。心理学认为这种心理倾向属于不正常状态，使得个人中心者很难融入社会生活，因为无法与他人合作（注：个人主义却特别重视与他人合作，即团队精神）。

个人主义与利己主义一个是政治哲学概念，一个是心理学概念。

二、集体主义

集体主义与个人主义为对立的价值观，它认为：

1、个人不是独立的个体，个人必须依赖集体实现自己的价值，个人若脱离集体，则根本没有价值可言。这里并非指团队合作，而是指脱离集体意味着被集体排除在外，被开除者将失去社会地位，自然也就失去价值。

举例：一年前《环球时报》出过一篇文章"离开祖国，你将什么也不是"这篇文章就是集体主义价值观的代表，它否定个人具有的独立价值，认为个人必须在集体中，即依赖祖国，才有价值可言。在中国，这是社会现实，因为中国的社会机制处处制造个人独立和发挥自我价值的困难，甚至这样的人会遭到排挤、打压和迫害，如独立知识分子、独立参选人、公民记者、以及有些独立发展意志的运动员。

由于人必须依赖集体而生存，又因集体在整个社会上有其自身的社会地位，因此集体中的个人都希望所在集体社会地位高，因为如此，自己的福利和发展空间才会好。个人独立发展道路异常艰苦，基本没有成功的可能性。

举例说，某村庄的农民，由于村庄属于各类集体中地位最低者，因此，个人几乎没有发展空间，但如果被该集体排挤出去，则个人连生存空间都会失去。个人的不独立性也是中共得以控制 13 亿人的重要手段。

2、集体的利益排在个人利益之前，处于优先地位，个人在需要时必须为集体牺牲自己的利益，个人的最高价值就是为集体利益牺牲自己的生命。

这个看起来非常"崇高"，但是它和中国计划生育政策一样，带有血腥的、残酷的强制性，即，轮到指令谁出让个人权利，谁就得服从，否则就遭致打压、排挤、迫害直至死亡。这才是集体主义的本质，但是却不会用语言直接表述出来，它是最隐蔽的。

这一原则从本质上说，就是，利用"爱集体"的名义，剥夺公民的个人权利，自愿牺牲个人利益服从集体利益者得到"非补偿性的"和"完全失去公允的"奖励或荣誉，若不服从，则采取一切必要的、有时是过度的强制措施，迫使个人服从。

需要说明的一点，这种集体主义并非号召公民"爱集体"，而是以"爱集体为公民的法定义务"为借口，强制要求公民无条件服从，在集体需要的时候，让渡自己的个人利益包括牺牲生命以成全集体目标。

三、爱国主义

集体主义将大小所有集体按照资源或利益规模进行排序，最大的集体是国家，最小的集体是家庭，因此地位最高的集体——国家成为至高无上的利益方。因此，一切地位低的集体以及一切个人都必须无条件服从国家利益，由于以宪法形式要求所有公民必须"爱国"，因此，凡不服从国家利益者，暴力机器就是用来保障国家利益的最直接有效的工具——这才是爱国主义的真实写照。

集体主义的排序原则决定了，地位低的集体要为地位高的集体牺牲，个人要为集体牺牲，因此，个人在所有利益方中为最弱势利益方，因此，个人成为了当然的、法定的和首要的利益牺牲者，尤其首当其冲地成为国家利益的牺牲者。

然而问题尚不在此，集体主义作为与个人主义对立的价值观，给爱国主义提供了强大的理论基础，它使得国家成为一切集体与个人都必须为之牺牲与奉献的对象。也成就了政府作为国家和国家利益代表的合法性。

按照宪政民主来说，政府的合法性来自公民制定的社会契约，用以约束政府的运作，以此为条件让渡个人的部分自由权利，同时政府承诺以人权保障为政府的运作目标。

由于专制国家的政府不会按宪政民主程序来获得自身的合法性，因此，它以意识形态为借口得到名义上的合法性。中共就是借助血腥的残暴的"爱国主义"得到自己合法统治地位的，这个爱国主义，包括政府统治模式，就是基于"集体主义"的理论。

四、集体主义价值观的取向：不考虑正义只考虑利益

从这个利益关系过程考察，我们很容易看出，集体主义的原则就是，利益才是一切，正义与否根本不影响一个人对于各利益方的忠诚度。也就是说，在被要求履行爱集体和爱国的义务背后是用利益判断来代替正义判断。这种忠诚模式与判断模式最公开与最直接的代表就是纳粹德国，即，种族灭绝政策明显是犯罪，但是作为纳粹德国公民却必须忠诚于自己的国家，否则性命堪忧。

我们都很清楚，在爱国的背后，包含着对无数的非正义和社会不公的容忍，甚至是视而不见，尤其对最高集体——国家在正义与利益之间的选择的无条件支持与服从。例如对于许多非正义的案件，包括强拆、强行堕胎、司法不公、打压公民自由权利，以及六四天安门大屠杀血案等等，中国公民还有可能为正义发声，但是，

若最大的集体——中国，与某他国发生冲突，尤其是军事冲突，中国人，绝大多数必定是完全不考虑正义因素，而仅仅从维护自己这个集体的利益出发，也会决定支持中国政府，因为：中国是自己的集体，而外国不是自己的集体，这也是集体主义的封闭性、排外性的特点决定的。

五、个人主义价值观的取向：坚持正义

社会为了保证每个个体的平等，会拿出公共资源弥补发展基础不足的人，使他们具有平等发展的机会，同时会照顾弱势的个体，使他们具有和其他人一样的做人的自由与尊严。而在这样的社会中，个人主义者在做出自己独立的价值判断时，因其独立性和自由权利而使他们少了对外界的屈从，无需看他人脸色，而会更加多地坚持正义，例如，每次美国对外战争，总是有不少国内的人士表达反战的主张，反对政府发动和参与战争，也有许多新闻媒体曝光战争中对无辜平民的伤害。

四五论坛
4-5 Forum

第 30 期; 2016-03 卷

Issue No.: 29, Vol. 2016-02

主编：Ge Yang 戈阳

1 导言：美国与古希腊民主是不同的

戈阳

《四五论坛》已经发行了两期了，熟悉的读者可以发现本论坛的作者在行文之中多有介绍美国的历史与美国的价值观，这恰恰是执政的中共所公开反对的，而反对的原因就是美国的文化与价值观不适合中国的情况，而许多向往民主的人士久而久之也会不自觉地对美国文化持疏远的态度，生怕被贴上"崇拜美国文化"的标签，更有中共的支持者（或雇佣的支持者）以"美分"来表示对赞赏美国的"鄙夷"。

在此，戈阳特意撰文解释这一点，希望读者辨明为什么本论坛会极力推崇美国的历史与文化，而且作者多会在讨论中将中国与美国进行辨析，希望读者之后也会理解为什么一提到西方价值观和西方文化，中共首选的"批判对象"就是美国。先在这里用一个结论简单回答：美国是全世界唯一一个为自由主义价值观而建立的国家，也是全球第一个诞生现代民主制度的国家，他们经过实践探索，实现了约翰•洛克的自由主义的社会。

在美国宪法诞生以前，雅典的政治一直都是民主制，雅典的民主制也是那个时代的民主制度的代表，但是那时的民主制度并不广泛地受人们的欢迎，统治者与精英们一直批判古希腊以及雅典的民主制度，认为普通人聚合在一起的政治无异于暴民政治。古希腊哲学家柏拉图的《共和国》（中译本《理想国》）抨击雅典的民主制度为暴民政治，美国革命的先驱者约翰•亚当斯（Adams, J. 1788）也对尚未开始的民主政治表示忧虑，认为民主政治是"多数人暴政"。这些都是古典民主制度的情况。美国新建的民主制度克服了古典民主制度的致命缺陷——多数人暴政问题，建立了当时唯一的非暴民政治或非多数人暴政的民主共和国。英国哲学家约翰•洛克就是这样一个民主制度的理论家，他的《政府论》为现代民主制度奠定了至关重要的理论基础。

今天的美国不仅是现代民主制度的发祥地也是各民主国家的民主制度的样板，甚至今天的专制者也不得不披上民主的外衣，号称自己国家是人民的民主共和国，称自己国家的专制制度是人民民主专政。为什么专制制度从 18 世纪以前作为所有国家采纳的政治制度变成今天连专制者自己也必须用"共和国"等字样去伪装自己的过街老鼠？专制者为什么总是想尽一切办法以批判古希腊民主和美国具体的社会现象的手法来攻击美国的现代民主制度？为什么专制者要极力渲染美国人自己对现行的民主制度的反思与批判？实际上我们所不一定知道的是：人们批判与反思美国民主制度现在所遇到的问题是因为这一制度在现在的情况下不能很好地维护每个个人的自由与权利。它说明美国人自己也在不断寻求进一步保障个人自由与权利的方法，因此我们可以预知：无论怎么变，这样的制度不会再变成专制制度，更不会像专制制度那样以维护自己的统治作为唯一目的，为此，那怕在自己统治的国家内部，对手无寸铁的平民进行军事大屠杀也在所不惜。

有人说，当今时代有些国家已经在自由度上超越了美国，例如北欧的一些国家。那么为什么不学习那些国家，而一定要学习美国？这需要从今天的民主制度是如何演变的说起。现代民主制度的理论来源于古罗马的自然神论，这一理论相信人在自然状态下是平等的（即人人生而平等）和自由的。古罗马留给后世的最大的价值遗产就是这个，欧洲文艺复兴和启蒙运动基于此而创了人类至今最大的价值观上的飞跃。古罗马从来就是一个等级十分森严的古代帝国，那么为什么还有这样的自然神理论，而且持续一千年不变呢？因为古罗马人认为，人首先要遵循社会规则，即帝国已确立的各种法律秩序，但是在法律之外的、在法律没有涉及到或法律表示沉默的领域里，如果有任何问题需要面对，那么就必须遵循"人生而平等"这样一个自然神论的默认原则。约翰·洛克基于"人人生而平等"的自然神论创立了他的震撼全人类、改变人类文明进程的著作——《政府论》。他说，虽然人生来都是平等的和自由的，但是由于弱肉强食的自然状态并不能带给人们美好的生活、财产与生命的安全，而专制统治制度也不能为人们带来幸福与财产生命安全。为此，自由的人们有必要互相联合起来，组成一个公共管理机构，即现代政府，来维护公共空间的安全与平等。联合的条件就是：社会中的每个个体出让相等程度的个人自由，以最大限度地换取公共空间的自由环境以及法律保护下的平等。这就是社会契约理论，这种社会契约所形成的政治制度就是宪政民主制度。托马斯·杰斐逊撰写的《独立宣言》就是基于这样的观点，依据的就是这个理论：即然人们可以自愿结合到一起创立一个建立在社会契约基础上的共和国，那么当这个国家不再维护自己的自由权利时，人们自然有权利否定这个契约，脱离这个国家。

今天，就个人权利与自由度来说，美国的确不是排名最高的国家，但是这不代表美国人失去了自由变成了受奴役的人民，而是因为作为一个面积巨大、民族巨多、种族巨复杂的共和国，美国人必须出让比单民族、小面积的国民更多的个人自由以获得个体的自由与平等的公共空间。实际上，越小的国家越容易实现个体的自由，没有国家的自然状态下的个人则是最自由的个体，没有任何束缚，但这种自由不必然带来生命及财产安全的保障。这就是为什么古典的民主制度仅限于小型城邦国家的原因。

那么为什么要保持一个大而复杂的共和国而不要小型或微型国家？因为自由、平等与幸福不是同比例的，绝对的自由与平等是一种没有任何政府束缚的但也不给人以任何希望的状态，因为这种自由可能受到来自其他同等自由的更强者的侵害。这一点几乎是毋庸置疑的，它就是共产党所鼓吹的达尔文的"物竞天择适者生存"的丛林法则所造就的状态，它是一个残酷的没有任何温情的禽兽世界，这样的社会不会带给任何个人以生命及财产的安全：即使社会中的王者也会有失势和不再强壮的时候，也会面临被残酷淘汰的命运——这是任何一个动物世界的宿命。因此，社会文明需要从政治和法律上平衡自由与幸福之间的关系。这种平衡的手段是建立国家。至于国家的大小、政府的效力与个人的自由、幸福之间应该处于怎样的具体关系，才可能最大限度地保障个人追求幸福与自由的法定权利，这是一个极为复杂且没有统一答案的问题。虽然这并非说国家越大、个人越自由，则越幸福（否则美国就没必要从英国独立出来建立美国了），但是这个问题本身能够让我们理解不同国家之间，民主制度和自由度是不会完全相同的。

因此，如果你希望融进现代人类文明和当今的世界的话，自然需要更多地了解真实的美国历史和文化，当然也需要了解美国现在所面临的新的问题与挑战。正因如此，《四五论坛》将以介绍美国历史、美国政治文化为手段，让读者了解美国究竟是怎样的国家以及民主与自由的状态又是怎样的。但《四五论坛》无法给出中国如何通向自由与民主的答案，更无法给出美国怎么做会更好的答案，因为社会的变化不是某个个人或组织所能控制和预见的，更不是一本杂志所能左右的，即使未来有政治领袖，那肯定也不是《四五论坛》所能直接培养的。戈阳仅希望读者能够以平常的心态来看待《四五论坛》不断地介绍美国的这样一个特点：它仅仅是希望给予读者更多的真实或尽量贴近真实的信息。

《四五论坛》认为：任何人都无需因中共在国内培植的"主流文化"排斥美国的文化与价值观而内疚和排斥自己还不了解的文化，

或自以为不屑于了解一个真实的民主与自由发展的历程，更无需心怀惴惴地犹豫是否应该更多地获得真正的关于美国的知识。

有人问，难道美国文化不能批判吗？当然可以，美国人自己也不断地批判自己的民主制度，今天有美国人一直在呼吁民主制度遇到了空前的危机。但是我们不要忘记，批判应当基于足够的了解、深入的生活体验和融入美国文化之上，而不是凭借只言片语的谎言所形成的错误的信息去批判。所以，戈阳也同时请读者自问一句：中共的宣传有公信力吗？有可信度马？正如我们作为中国人也很难接受没有中国生活体验的外国人以中国通的身份对中国文化进行批判一样，这并非因为中国文化有多么优秀而被老外贬低了，而是因为我们认为他们并不能真正深入了解中国。

美国是现代民主制度的创始国，美国的民主与古希腊民主的不同之处在于：1、古希腊是城邦，它的形成基于家族的联盟，主要是通过家族联姻、奴隶买卖、战俘等手段实现的，这意味着城邦规模，相对于一个国家来说，必然是极小的，人们互相之间存在着各种联系而且大都相互认识，他们没有宗教信仰、种族、民族、文化习俗等等方面的冲突和差异。这种民主在基础上和美国不同：美国不仅幅员广大，且民族多种族构成复杂，大家所使用的语言信仰习俗等等都不统一，至今美国都未宣布英文为官方语言。不懂英文的中国人，例如出庭作证，联邦法庭将免费提供翻译服务。2、古希腊城邦的民主制度所赖以成立的道德基础不同，柏拉图的著作《共和国》（也称《理想国》）中就描述了王子对正义的认知，王子说，"正义就是让自己的族人快乐同时让自己的敌人痛苦。"这与中共宣传的对待同志春天般地温暖对待敌人秋风扫落叶般地残酷无情（确切的话可能不是这样）何其相似，这是造成千万件冤死案件与酷刑迫害案件的根源，是以国家强权剥夺个人人权、生存权利的借口。这样的民主制度，其最终目的是国家的安全而不是个人的生命及财产的安全，而且为此国家安全可以牺牲任何公民的权利甚至生命，是"以眼还眼以牙还牙"的无情的制度。大家可以从中国设立的"国家安全部"及其下属部门的行径体验到那种为了维护"国家"安全而没有任何道、法律和人性底线的政府是一个什么样的政府。苏格拉底是历史记载中第一个因在公共场合与年轻人探讨人生问题而被以叛国罪处死的哲学家：在雅典战败之后，苏格拉底被举报说，因为他的挑唆，年轻人从此改变对雅典娜战神的信仰，使得雅典娜战神不再护佑雅典而使雅典遭遇失败。苏格拉底因此受到审判并被处死。反观现代民主，我们已经知道，它是以保护人权（包括犯人的基本权利）为基础的，它将国家安全严格界定在法律控制之下，即，在没有宣布国家安全处于紧急状态的时候，国家安全不能作为政府剥夺个人自由与生命的借口，人们在非战争时期、非国家安全紧急状态时期拥有各种自由权利，包括言论、新闻、出版、结社集会等等。这些权利是法律赋予的，政府若违反则等待它的将是更严格的审判甚至下台。3、古希腊的民主不追求保障每个个人的权利，也就是说没有基本福利制度；而现代民主制度的目的就是要无差别地保障每个个人的权利与自由。因此，在古希腊甚至包括民主初期的英国、法国和美国等国家，政府会保护个人生命财产等权利，但不会设立公共基金以救穷困者于生死挣扎之中，因为那被认为是侵犯了富人的财产权。现代民主制度，基于对每个人的基本自由权利的保障，包括生命权，使得穷人终于也能够获益于法律保证下的基本生活和基本医疗——这是对每个个人的尊严的维护，因为尊严是自由的前提。这种福利制度的设立不再被认为是剥夺富人的权利与财产，而是维护一个更大规模的社会的自由与权利。反观中国，为了国家安全，当权者可以不顾国内上亿的贫困人口没有钱吃饭、养老、就医，却拿着纳税人的钱满世界大撒币，还恬不知耻地叫作"金元外交"。当制度有了理论基础，一切问题都能够辨出一个是非曲直来。

我们或许会认为英国才是民主的起始国家，1688 年英国的光荣革命宣告君主立宪的民主制度的诞生，耶鲁大学法学院的阿马尔（Akhil R. Amar）教授认为：英国虽然有选举，有下院、上院和司法审判，但英国至今都未曾有过一部成文宪法，更毋谈全民对宪法的合法性进行投票这样的事。美国，他说，是至今唯一一个对宪法的合法地位进行全民公投的国家，是在两个半世纪前就实现了的凡是成年男性公民即有投票权的国家。而美国的联邦主义者与反联邦主义者在就宪法是否合法的激烈辩论过程中就同时体现和实现了言论自由。言论自由不是有法律条文就能够实现的，而是社会实践中实现的。同样的公民投票权在英国，直到 1911 年以前，英国人都必须拥有 600 英镑以上的收入或财产的男性才有。而法国大革命初期的投票权也同样必须基于一定的财产数额之上，只有美国，虽然是当时面积最大、人口最多的国家（西部虽未开发，未立州，但已经属于美国），但从一开始就不限制公民的财产数量，只要是男性公民即有投票权。

有人说，当时黑人就没有投票权，这里说明一下，当时美国仍然是蓄奴享有合法地位的国家，因此，奴隶不是自由人，没有公民身份。谈到此，各位读者都应该清楚美国有过唯一一次发生在美国本土的内战，这正是美国宪法所遭受到的巨大挫折，原因就是宪法允许蓄奴制的继续存在。虽然为了最大程度地纠正奴隶没有选举权但被计算人头的不公正状态，美国从开始就设立了选举学院，但蓄奴制仍然变得无法控制而导致内战的爆发。不过正如当时的林肯总统在盖茨伯格演讲中所说，"一个来自人民、为了人民、授权于人民的政府一定会一直存在下去。"

在此又必须要谈谈美国的总统。美国是第一个以"总统先生"来称呼领袖的国家。亚伯拉罕·林肯是一位出身寒门的人士，他得以成为总统就是因为美国的史无前例的广泛的民主制度，他的故事成为美国梦的代表与标杆，至今激励着每一个美国人和美国新移民。而历史证明他的确是一位鲜有的伟大总统，正是他，在美国宪法面临失败和挫折的时候，维护了这个国家的自由与民主制度。林肯曾经说他自己是一位爱国者，但他解释道：他爱国的部分原因是因为他出生在这个国家，但是这不是主要原因，主要的原因是：美国是一个自由的国家。最终他用自己的生命捍卫了这样一个自由的国家。

一个年轻的民主国家在历经了战争的洗礼后，民主得以继续，民主政权得到了保障，其价值观和制度逐渐被世人接受，逐渐传播开来。今天世界上许多国家，包括欧洲各国，都接受了美国的民主制度与价值观，虽然在这个过程中，各国的文化与传统都不一样（即使西欧，其传统的文化与美国也是不相同），但是以美国的现代民主制度为主导的自由价值观已经成为了今天我们知道的普世价值，被联合国作为公民权利的法定保护内容。

为什么美国的价值观会成为普世价值？因为它符合所有的人们的天然向往——自由、平等和追求幸福的权利，而民主正是保障这一人类天性的政治制度。用一个不太贴切但比较形象的比喻来说，哪一只鸟儿不向往自由？自由主义价值观的传播与普及正是因为这样的价值观代表着生命的本能动力，它可不是像中共政府所宣称的靠着美国政府的强力推广而成功的，若美国政府要花政府资金去建立类似孔子学院这样的机构，恐怕早被赶下台了。有人说，美国也有类似的机构，例如美国民主基金会就出钱支持各国家推进实施民主制度。但各位或许不知道：美国民主基金会并非美国政府机构，它属于非政府机构，不拥有任何行政权力。什么是非政府机构？就是资金不来自政府或者说纳税人。

相形之下，中共作为强力政府以纳税人的钱去推广"儒家思想"满世界地掏钱建立"孔子学院"却受到不少国家的抵制与质疑。有人说，那是因为中共宣传的儒家思想不是真正的古代的原本的儒家思想。中国人总希望其他社会能够主动接受或欢迎中华传统观念，但无论你用多少仁义之道去说服或者摆多少"谱子（pose）"，它就是难以被人真心接受。为何？因为儒家的"克己复礼"的思想不是人的本性，，它是通过教育、灌输、惩罚等手段强迫出来的"克己"或者"无我"的有意识行为特征，许多人都始终记得自己童年或少年不听话挨打的经历，或者在学校被老师要求背诵否则被惩戒，还有在学习的时候被强迫背诵自己根本不认同的论述文的经历……，于是，即使自己最后成为流氓，他也会认为那些被教育出来的谦谦君子是社会正义的代表，一个表面上的和平社会实际上的"非战争状态"的社会就是这样被强力塑造出来的，它将儒学理论人为地加在每个个人头上，使许多中国人最后将这些教条内化为自己有意识的行为准则。但由于它不是每个个人天生就有的行为和价值倾向，因此在没有强迫力的背景下，普通人是不会接受的，这是外国人不接受的主要原因。

亚里斯多德认为，国家的责任就是要对公民进行教育，让公民懂得遵守法律秩序，成为好的公民。而好的公民与好的人却是不一样的，好的公民不管社会正义，只管效忠自己的国家或统治者。德国哲学家康德对亚里斯多德的这一观点进行了批判，康德认为：人出生后被人为地强加一些所谓的好的公民观念或信仰，这是对个人的自由选择自由意志的剥夺，是违反人的本意的。实际上，爱国主义、民族主义、反西方或反美思想里面包含了多少对自由权利的剥夺，又包含有多少的自卑，各人自己心里都有一把尺一杆秤。

有人讲在欧美的确有许多人真心喜欢和欣赏儒家思想。错！欧美主流人群中，对儒家思想有哪怕一丁点了解的人都是凤毛麟角，更毋谈欣赏。这种错觉一方面是因为中共的各种假象宣传，另一方面，在欧美确实有些人出于礼节而对中国人的宣传说教给予表面上的正面评价，叫作"很有趣（interesting）"。如果了解欧美文化，你会明白这实际上就是不接受的委婉的说法，根本不表示听者在任何程度上给予了肯定。凭借戈阳近三十年的个人经验，至今没发现例外：如果听众的评价为"很有趣（interesting）"，那么可以肯定听者不接受你的观点。但是没有与西方人打过交道的中国人会误认为这个评价就是肯定和接受。戈阳举个历史上的例子来佐证一下：在美国的制宪会议上，汉密尔顿花费了六个小时进行演讲，提出一个极为类似于君主立宪的宪法方案。六个小时后，他的演讲结束，所有人都给予了响亮的掌声，但最后没有任何人投他的赞成票，因为它太像英国的制度了，他们不接受。

对于美国这样一个伟大的国家，我们有什么理由可以不学习不了解，而且还要鄙视它甚至与之为敌呢？"中国特色"究竟有多少价值，我相信大家心里也自有认知。我们总是批判满清时代的闭关锁国，而今天，你我的思想离开这种闭关的自我中心主义又有多远呢？

参考文献：

Adams, John (1788). A Defence of the Constitutions of Government of the United States of America, Vol. 3 (London: 1788), p. 291

2 "革命使人堕落"是赤裸裸的维稳之作

钟国平

冯胜平先生（下称"冯"）一改过去两年向习近平公开进谏的风格，以"革命使人堕落"为标题，专为"咱老百姓"撰写了一篇万言书，苦口婆心地表达了反对将共产党赶下台的立场。与我们普通老百姓的观点不同，我们通常了解到情况是，在民运圈内，对于结束专制政权的路径的观点有两种，两个不同观点之间也持续地在争论，即暴力革命和非暴力民间反抗运动。而我们通常特别将走暴力推翻政权的道路叫作革命，以区别广场运动、非暴力不合作等等非暴力运动，或借用其他国家的经历而称为"颜色革命"、"天鹅绒革命"和"茉莉花革命"。而冯则将暴力革命、颜色革命以及最温和的天鹅绒革命等统统归为革命，因为无论路径如何，最终的结果都是推翻现政权，换句话说，冯认为，凡是以结束中国共产党统治为目的的任何手段，都是革命。因而，冯的标题"革命使人堕落"的真实意思就是"推翻中共的统治将使人堕落"。

虽然文章的阅读对象变了，但是与前三封致习近平的公开信相比，其思路、观点、甚至许多语言都没有变，并且有诸多重复的和一脉相承的表述。对于冯的前三篇文章，笔者分别撰文指出其造假历史故事、篡改文献内容和以个人认知而非真实的公共知识为基础，对谎造的历史进行虚假的定性，并特别针对其第三篇文章指出，冯一改前两篇避免攻击和否定民主的风格，直接赤裸裸地表示反对民主的立场，并以张冠李戴和直接篡改内容的方式称自古以来西方学者们就认定"民主是最坏的制度"。我当时将这种公开反对民主制度的言论称之为"裸奔"，因为异议人士不会如此憎恨和排斥民主制度，坚持专制制度，这是异议人士与普通沉默的中国人的最大区别，也是异议人士之所以为异议人士的原因。

然而冯的这一篇新作更是直接突破了"裸奔"的境界，公开地站到了"坚持维护中国共产党统治"的立场上，不仅重复地使用中共的语气和语言，批评国内外的民运人士、维权律师及维权群体，更是直接地表达了冯胜平自己坚决维护中共政权的观点。至此，他已经表明了自己作为中共维稳大军的重要写手的身份，从根本上脱离了"异议人士"这种身份了。

正因如此，冯在开篇直接说他"在政治上是不正确的"，但在逻辑上却是"站得住脚"的。既然如此，本文先罗列一番冯所表达的"政治上"的立场，以客观公正地理解冯文的本意，然后分析一下在逻辑上，其表述的政治立场究竟能否站得住脚。全文的目的就是要从实质上懂得冯所表达的真实的政治立场究竟是什么。记得徐文立先生曾经写过一篇文回应冯胜平先生的一封花了 5 年时间才完成的致徐文立先生的公开信，他的标题就是："冯胜平先生，你，是谁？"，而今天，冯先生以这篇新作自己回答徐文立先生去年提出的这个问题。

冯列出了十点理由来评价他对目前形势的看法，以最后得出他的全文结论，在此笔者将内容按照其内在的逻辑综述为五点，以便进行逻辑分析：

1、"动乱"的土壤已经形成

冯开篇即表示：中国已经形成"动乱"的土壤，这个词汇在中共官方上一次的公开使用是 1989 年 4 月 26 日《人民日报》发表的"四二六社论"，当时中共官媒形容学生请愿是一场"动乱"而不是爱国运动。这个社论我们都清楚是李鹏主导的。然而在天安门大屠杀之后，中共逐渐将之前的"动乱"、"反革命暴乱"去掉了，代之以"1989年春夏之交的一场风波"。李鹏竟然发表回忆录，以推卸其对 1989 年学生运动的歪曲定性和血腥镇压的责任。

这次看到冯对中国形势的"定性"用词，猛然让我回想起了一个穷凶极恶、挥舞着拳头向全国发表电视讲话、谴责学生运动并誓言派军队武力镇压学生运动的李鹏。我们普通"百姓"或可能使用"革命"一词来形容我们的抗争和民主运动，但是根本不会想到用"动乱"这样的词汇来描述因我们的抗争而引发的局势，而且更不会将自己追求的事业恶毒地形容为"动乱"。

2、推翻中共统治的理由根本不存在，所提之理由是谎言

冯在第一个要点中就指出革命的目的有两种：改变制度的革命和改朝换代的革命，而由于中国历史上的革命全都是后一种，即，改朝换代并继续专制统治，就是他所形容的"取而代"。因此，他推定中国未来若出现革命（即以任何方式推翻中共政权），那只可能是"取而代"而不可能是"改变制度"。冯认为革命者的目的就是实行新的专制，即，"与其你独裁，不如我独裁"。

为什么革命是根本没有理由的呢？他的解释是：当年晚清既然已经承诺要搞"君主立宪"，那么，如果不被推翻的话，清朝开始就走

上改变制度的道路了。在这种情况下，孙中山他们凭什么还要坚持二次革命、推翻清帝国呢？孙中山要求宪政，而宪政都开始了，还有什么理由革命？据此，冯推论说，既然已经宣布改制，而革命者仍不放弃革命，坚持推翻统治者，那么，他们自然不是为了改变制度，而是为了自己统治中国，也就是"取而代"之说。这就意味着，所谓的改变制度其实是革命者的谎言。以此类推，现在中共已经承诺"依法治国"，正在走向"党主立宪"的宪政道路了，你又凭什么要推翻中国共产党的统治？那自然也是谎言，目的不过是要"取而代"，自己上台搞独裁。

冯说他的逻辑没有问题，但是以古喻今虽然看起来很有哲理很高深，但冯的以古喻今在逻辑上却是不成立的，因为他所引述的历史事件与他推测的未来事件之间不存在必然的因果关系——我们今天发生了某件事与历史上某个时刻发生了某件事之间没有必然的联系，除非你能证明历史上的某件事直接导致了今天的某个事件的发生。例如，历史上胡耀邦的下台，导致他被认为早逝，从而引起学生公开悼念，最后引发学生运动。这就是历史事件与当今事件之间的因果联系。若事件之间没有这样的关系而胡乱联系、强制类推历史于未来，逻辑上就是犯了机械类比的错误。这是基本的逻辑错误。

3、若中共的统治被推翻，后果很严重：中国将陷入长期大规模流血冲突与混乱

冯以"革命是嗜血的动物"为标题设想了中共被推翻后，不仅被革命的人会丧命，大量的革命者也会遭到血洗清算。他将法国大革命初期的各阶层力量轮流夺权以及罗伯斯庇尔主导的"恐怖统治"与中国／俄罗斯的共产党夺权后的大杀戮相提并论，认为革命都会导致革命者被血洗的命运。

然而事实是，民主革命的许多国家在实现民主化之后并未发生大规模的对革命者的清算，而法国大革命初期持续两年的"恐怖统治"时期仍处于法国民主化未成功的阶段。如英国、美国实现民主化之后没有如同法国那样的血洗清算。而对于法国而言，"恐怖统治"虽仅持续两年不到的时间，而且以"叛国罪"处死的 17000 人在当时震惊了整个法国与欧洲。这场罗伯斯庇尔主导的"恐怖统治"以罗伯斯庇尔本人被斩首为结局，自那以后，所有的政权，无论怎样轮替都不再出现这种以意识形态与立场不同而处死公民的恐怖统治运动。罗伯斯庇尔墓碑上的文字表达的是整个法国对他的批判和否定，从此民主国家不再有"恐怖统治"。这才是真正民主国家的历史过程。法国的这段历史特例让所有民主国家汲取了教训，今天，民主国家

的政权都被禁止主导宣传任何意识形态和确认某个意识形态为正统，这样保护了公民的自由权利而防止了政府滥权导致的历史悲剧。

因此，笔者的观点是：中国若实现了民主化，很难想象会出现法国那种以"叛国罪"为由的对革命者的清洗运动。更难想象会出现冯文提到的独裁专制暴政的俄共和中共搞的几千万人被杀戮的大清洗运动。

冯故意将法国大革命初期的一段特例拿出来与俄共、中共的内部大清算相比，好像任何革命都会导致对革命者的大清洗。而各国民主化的过程中，只有那一段是特例。与此同时，冯将苏东坡革命的平和形容为民主化过程中的特例，说"苏东共产党政权，几乎都建于一夜之间；一夜之间消失，自在情理之中"。这自然是将法国大革命历史中的特例作为普遍性，而将苏东剧变后的平和当作特例的篡改历史的手法。

冯将民主化初期发生的小概率事件与共产党的杀人的历史混淆，给人的印象就是：凡革命就会导致对革命者在胜利之后被大清洗的结局。因此可以推论，中国民主化之后也会有新的对革命者的大清洗。

为了进一步理解法国大革命初期即 1792－1793 年间的恐怖统治，笔者简短介绍一下当时的背景：当时的法国处于欧洲君主专制政权的包围之中，虽然英国已经民主化，但是英法之间的敌对关系并未因民主化而消失。因此，法国政界当时面对极为复杂的内外交困的形势一度出现非常复杂的权力更替过程，同时还必须应对对外战争。在这种情况下，罗伯斯庇尔上台执政。他的极大的不安全感导致了利用国家权力对国内公民进行残酷的大屠杀，他自己将之称为"恐怖统治"。两年间共 17000 名法国公民被处死，之后他被推翻并被处死，对国内公民发起的以叛国罪为名的大屠杀运动宣告结束。

历史告诉我们，民主化革命与专制政权夺取政权的历史是完全不同的。血腥清洗的是专制独裁政权的普遍做法，而非民主政权的普遍做法。这种混淆概念和以偏概全的逻辑错误，能够如冯在文章开头所说的"在逻辑上立得住"吗？

4、民运其实只是以民主为推翻中共政权的借口，无异于骗子

接下来的第三至第九点，冯以巨大的篇幅，从各个角度论证革命者其实就是骗子，欺骗普通的"百姓"。下面笔者逐条分析冯的论述过程：

第三点冯认为革命者以民主为幌子进行欺骗，根本不是要改变制

度。理由是：英国、美国的民主革命是以自由、独立、宪政为目标，他们提出的是"不自由毋宁死"，而中国人"只会骗"，因为中国人没有独立性，不要自由，用他的话说，中国人革命"从来不是为了自由"……"无论是毛左还是民斗，都不想结束这个制度，而更想结束自己的政敌。"

我承认，中国民运人士多数不是从追求作为个体的自由独立出发而从事民主运动，更多地是考虑"民族、国家进步"，这是缺少对民主制度的理解以及受到民族主义爱国主义等愚民教育影响所致。然而冯文将这一现象形容为"上诈下愚"的欺骗，这从逻辑上是站不住脚的，因为冯根本无法证明革命者在主观上试图"欺骗"任何人。冯文中没有任何一个地方可以证明民运人士的目的是欺骗大众。当他无法提供证据来证实自己的判断时，那么他就是在贴标签、扣帽子，不仅逻辑上因缺乏论证而不成立，现实中也显得十分卑鄙。

冯文的第四点"革命使人堕落"，应为全文的看点，因为标题就是取自这一论点。那么，冯的这一判断又是什么意思呢？冯认为以改朝换代而非改变制度的虚伪表演，目前正披着"维稳和维权的外衣"紧张地进行着。在这里，冯说，老一辈民运仅限于"办办杂志"、做一做"思想启蒙"的工作。新一辈民运却"没有底线"，他们在国内时，"只是维权"，而不是要推翻政权（这里提醒一下：对于冯来说，只要不是以推翻政权为目的，即不是革命——笔者注）。但是后来他们陆续流亡美国，则表现得"一个比一个极端。"（此处当然是形容推翻中共政权的公开表态与行为了）。冯的这一段可以换个说法这么来理解，会更加清晰明确：国内的异议人士表面上不是要革命或者说不是要推翻中共政权，而在逃离中国之后，个个都成为激进的革命者或者说，以推翻中共政权为目标的革命者。按照冯的说法，这些人比老一辈异议人士更"没有底线"，而这里"底线"就是指他们说谎，在国内时隐藏了他们的真实意图。那么这些人是谁呢？冯指出，是"体制外的死磕派和和体制内的通吃派"。体制外的死磕派又是谁？冯在文章结束语中其实已经指出来了，与政府死磕的就是那些维权律师。当下中国政府在全国范围内打压维权律师及维权人士的时候，冯的新作出台，形容这些"死磕派们是在"借维权"的行动而"沽名钓誉"、"造谣惑众"、"死磕当局"。我想说的是，这些定性用词不仅与中共的一模一样，而且面对全世界各律师团体、人权机构以及各国政府正在对中共打压维权律师的行动进行强烈谴责的时候，冯居然正大光明、光明正大地站到了中共政权一边，所用的词汇让人感觉好像在读新华社的社论。而他给这些死磕派扣的帽子仍然是没有任何实例证明其结论。这在逻辑上能行得通吗？

他的逻辑是：《历史的先声》记载了中共夺权后要搞民主的承诺，但是最终没有兑现承诺。而死磕派，他认为"也会这样"，他认为，人"百炼成渣"，所以，坐牢的人出来了会更加专制暴虐。

请各位读者自己判断，上述逻辑是否成立，这种机械类比的逻辑错误再次上演。两个截然不同的历史状况硬被他扯到一起，认为二者具有相似性。如果这二者具有相似性，那么是不是说死磕派律师未来也会如中共那样真的组织军队在国内与中共一拼生死呢？他自己对此又进行了否定，他说死磕派现在要用他人的人头祭民主大旗，他们自己是不会回国的。笔者不禁想问，为什么在这里二者又没有了相似性呢？这是哪门子逻辑？

接下来，冯以"以卵击石"的所谓道理来说明，凭借民间力量与强大的政府对抗只会使"千万人死于非命"。他认为，既得利益集团会"放弃自身利益"，从而达到"人类社会得以缓慢而稳定的进步"的目的。在此笔者提出两点：1、即使在民众没有对抗政府的时候，中共的统治不是使得 8700 万平民死于非命吗？那么死于非命的原因究竟是"推翻政府的抗争"，还是专制统治的暴政呢？2、为证明既得利益集团会放弃自身利益，冯文举出两个实例。一个是华盛顿遗孀主动释放所有奴隶，算是主动放弃了自身利益。然而，华盛顿遗孀是个人还是处于统治地位的"既得利益集团"呢？这个例子与冯想说的"道理"有何关联？冯的第二个例子说，"中共四中全会确立"依法治国"的政策，就是"主动放弃既得利益"的表现。在此笔者更要问：政府非法绑架、诱捕、秘密关押、恐吓当事人、拘押不相关的未成年人、剥夺其受教育的权利、拘押无辜的 81 岁的老人、拒绝给予被拘押人士以必要的医疗救助等等等等。所有这些都是在习近平提倡"依法治国"两年之后的今天发生的事情。那么这是否说明政府，作为既得利益集团"放弃了他们的既得利益了"呢？下一个问题就是："以卵击石"能够用来比喻民间反抗暴政的运动或革命吗？若是"以卵击石"，那么结局必定是以抗争者失败而告终。冯先生又在何处论证了中国人民抗击专制暴政必定将以失败而告终了呢？没有论证的结论符合哪一种逻辑了？

冯文的第六点说，现在的革命者根本搞不了民主，因为他们是刁民，他们改不了制度，那么冯所说的这些刁民具体指谁呢？冯说，"是目前国内维权和海外民运的主力"。也就是国内的维权人士和海外民运人士。在这一点上，冯的逻辑是：中国努力了三千年都没有能够做到，所以他们这些刁民也做不到。请问：三千年的历史能够证明未来也只能持续吗？这个在逻辑上的问题与前面所说的一样，不再赘述。

冯文在第七点提出的观点与之前写给习近平的公开信完全一样，就是"没有法治的民主是灾难"，在这里，冯将民主与宪政剥离，将民主形容成与法治不相关联的制度，然而，现代民主制度永远是靠法治来保障的，今天的民主社会同时也是法治社会，而不是人治的社会，今天的民主法治制度用法律术语来说叫"宪政民主制度"。冯说"民主实际上是人治"。然历史上，人治的民主只存在于古希腊时代。那么冯所说的"没有法治的民主"与中国人今天所追求的常常被简称的"民主"的宪政民主有什么关联？古希腊那种民主是我们今天追求的民主吗？既然不是，那么，用古希腊的民主来否定今天的宪政民主，这又是什么逻辑？如果连一个判断句的主语都没有弄清楚的话，后面的任何论述能够成立吗？

另外，冯在这里还特意强调"任何主义都是危险的"。笔者郑重地提出，搞"主义"的是中国共产党。所谓"主义"，用政治学术语来说，就是"意识形态"，是用理论系列阐述的某种哲学思想或理论。然而，冯或许不了解，自由宪政民主不是主义，不是意识形态，而是普世价值，也就是说，是普世接受的价值观。价值观与"主义"是两码事。同时，在前面已经谈及，任何民主政府，为了避免再次发生罗伯斯庇尔利用公权力以"叛国罪"为名倡导爱国主义滥杀无辜的历史重演，也为了保障公民的信仰自由，已经悉数否定将任何意识形态（即，主义）拿来作为政治上的标准意识形态。现在只有专制政府才会强制性地灌输意识形态。因此，冯所强调的"危险的主义"与中国民主事业根本就是没有关联的。为什么要在这里提及呢？

冯文的第八与第九点都采用了同一逻辑，就是直接贴标签，没有任何实例或证据去证明。第八点说，精英（即革命者）与贪官一样，都是腐败的受益者，所以他们联合贪官"反对反腐"。这个论断可以明显看出，凡是习近平政权打击的贪官，都是贪官，都腐败。言下之意，好像是说，习近平政权没有打击的都不是贪官，都不腐败一样。他说，这些人是没有良知、投身腐败的人。他们是谁？冯说，他们是"教师、记者、医生、律师"。读者是否能记得，习近平政权要打压的"新黑五类"不就是这些人吗？只不过少了一块"访民"。冯在第九点显示自己好像是"异议人士"一样，陈述了毛的诸多邪恶的行为，尤其是他的斗争哲学。然而其目的并非是批判毛，而是要说，每个人心里"都有一个'小毛泽东'"，意思就是，每个人都是专制的产物。对于这样的没有任何根据的指责，笔者认为不仅逻辑上站不住脚，而且冯也显示出他自己的共产党的思维模式，即，以贴标签代替论证。

最后一点，冯再次重复了致习近平的第三封信的主张，认为"党主立宪"才是中国的出路，而这个党主立宪绝不是美国的宪政，而是指政府自觉地自我限制自己的权力，并保护公民的私权。然而冯提出政府自我限制权力的前提条件是：保证政府不瘫痪，首先，从政治学上说，君主立宪是指"君主为虚位的国家元首"的宪政制度，而冯提出的"党主立宪"是否指"中共为虚位的国家元首"的宪政制度呢？如果是，那么这个党主是否应当全部退出政治权力体系，成为虚位的政党呢？如果是，那么"政府不瘫痪"就不会成为中共需要关注的问题，因为中共不再具有管理国家的实权了。其次，如果冯所谈的"党主立宪"指的是中共宪法中所说的"坚持中国共产党的领导"的话，那么，这样的政府不就是专制独裁政府吗？与民主宪政、与立宪又有何干呢？既然如此，这个观点不就是二元悖论了？这种逻辑矛盾使人无法理解冯所谈的"党主立宪"究竟是要民主法治还是要专制独裁。这样的逻辑健全吗？

5、结论：只有按照中共现在的"依法治国"和共产党领导，百姓才能有自由

这一段作为结语，其内容实在有点滑稽。冯指出，维权律师、维权运动使得中国的自由空间更小，还不如不要抗争，这样自由还会多一点。那么，中共统治66年，有什么时候，中国有过自由了？没有自由的情况下，谈论自由的多少不是很荒诞吗？冯说，若真有几百万人上街，"必再次看到坦克"。这自然是指1989年的民主运动终以六四大屠杀的历史而结束。不过，这样的论断，除了能够来恐吓百姓、也恐吓革命者们，照样是没有任何根据没有任何论证来支持的。事实上，今天或以后的中国局势与1989年已经非常不同，无论是政治、经济、意识形态、官民关系、领导人的威信与号召力等等，还是国际局势、国际关系和地缘政治，都已经发生了巨大的变迁。没有任何论述而直接说，坦克会再次上街，根本就是缺乏逻辑的妄断。

至此，笔者就冯的每个论点进行了复述与分析，没有发现冯所宣称的"政治不正确，但逻辑上能说得通"的自我评价能够在逻辑上成立。反而，笔者找到了徐文立先生去年所提问题"冯胜平先生，你，是谁？"的标准答案。最后，笔者建议所有读者及冯胜平先生本人再也不要说自己是"异议人士"了，你与中国共产党之间没有任何"异议"存在。

3 2016 的呼唤

捌玖

有人说中国的宪法乃根本大法，但作为根本大法何以看不见法律对政府分权体系的约束？缘何根本大法中保障个人自由权利的条款被宪法其他条款否定被其他低层次的法律否定呢？真宪法，根据定义，必然包含对政府分权的规定和对权力的约束（含权力的弹劾）必然包括任何条款和法律不得侵犯的人权保护。

中国只有一部伪宪法！中国人没有自由！

有人说他有自由，因为根据马克思的虚拟导师黑格尔的集大成，他有自由意志，即精神上的自由。但自由是一种权利不是意志，精神上可以理解自由却无法授予你真实的自由权利。拿出护照看看你有最基本的旅行自由吗？拿出户口簿看看你有生育和迁徙自由吗？没有这些，你就没有哪怕是最基本的自由，还谈神马尊严。

你可以不为自由而奋斗但你愿意放弃尊严吗？你愿意看到自己的未成年孩童和 8 旬老母眼睁睁见警察打死父亲与儿子吗？那就是尊严的丧失，你以为谁有尊严？律师在 5 岁孩儿面前被警察铐走，母亲被迫与未断奶的婴孩分离，80 岁老人被手铐脚镣关进看守所受酷刑，即使特权享受者也随时因双规被酷刑。谁有尊严？

下图是被学术界知识界广为接受的马斯洛的人的五个需求层次理论模型，通常来说人有不同层次的需求，低一级的需求得到满足后将会进入更高一级的需求。本来多数人处于第三或第四层次的需求状态，但连连的雾霾将所有人拖回到第二个层次的需求。

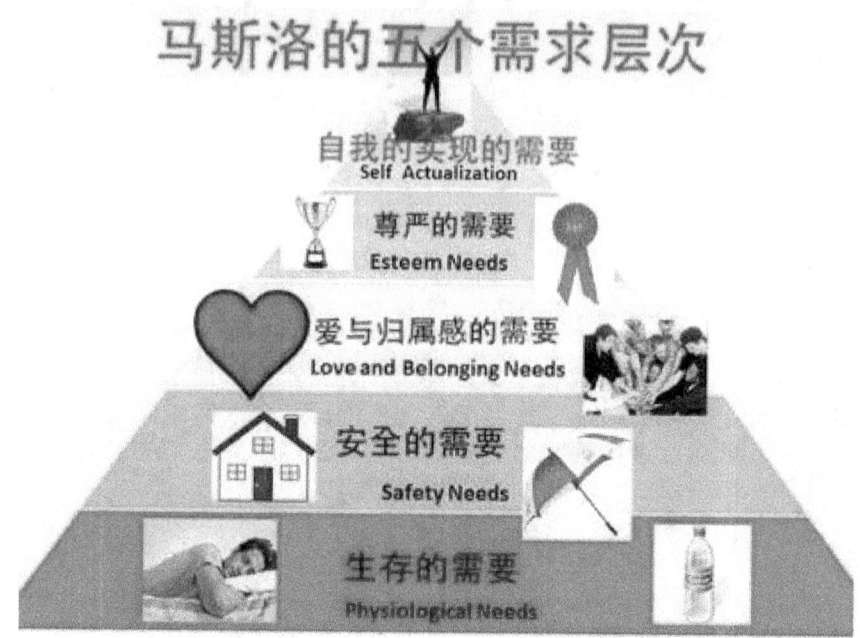

一个专权统治的社会就是这样一个最原始野蛮的社会，它剥夺一切人的尊严，就好比过去所有皇朝的臣民，无论官职高低都必须跪拜皇帝，这是尊严的丧失，只是你或许感觉不到它与尊严之间的联系，因为"所有人"都这样。昨天的人们将红宝书当圣经的日子还没消失，今天极权统治者打压坚守追求尊严的人使得整个民族噤声；更有甚之的是，当今的"红帝"夫妻竟然敢诱导全国人民喊他们为"爸爸妈妈"！真是千古罪孽！

尊严，这一人类最低的精神追求，在中国只是一个梦。看看马斯洛的人的五个需求层次，尊严的追求不过是精神追求的起点，但是却耗费了中国若干代人的努力，却仍未成功。许多人对"自我的实现"是什么意思都不了解，因为尊严的需求根本无法满足。

有人自以为有了财务上的自由便是有了自由，从此成为自由人，然而事实告诉我们，即使首富或贪污万亿的首贪照样会成为极权的猎物，即使普通富有或共匪帮凶如最高级的间谍也照样遭极权的抛弃，像丢掉一只狗一样。更不用说普通人，连发个帖都被喝茶、逮捕、跨国抓捕，即使国际营救也不成。

无自由则无安全！

有人以为中国好歹也算进入了现代时期，错，别以为中国有法律就是法治国家，中国历朝历代都有法律，但这些朝代与法治社会毫无关联，生活在这些朝代里的人从不知自由为何物，以为他们理解尊严吗？若如此，他们为何总是下跪？官员为何成为"父母"，哪怕在八旬老妪面前？有法律无法治无疑是前现代的特征。

你或许以为你能够拥抱现代文明、拥有尊严，但不要以为去了国外入了外国籍就可以做到。多少归化的外籍华人（原中国人）以及外国永久居民被绑架、入狱、暗杀？因为在极权看来，只要你生长在它的势力范围，你终生都是它的奴隶，永远不得解放与自赎。如果你真心期待自由与尊严，只有一条路：终结极权统治。

你可以说"好死不如赖活"，明天是下一代的，他们是祖国的希望。可以，你可以选择将责任推给他们。不过，你能够眼睁睁看见他们每天生活在雾霾之中，连自主呼吸都难以实现吗？你如何面对他们的困惑与质疑？你何以面对孩子们如此惨淡的童年，何以面对或许因此而早逝的生命？而这些都不值得你去改变吗？

是时候了！再不努力，你将重见三年大饥荒的悲剧：人们致死都不敢抵抗，最终却还是死了，想赖活都不得。所以，好死不如赖活其实不过是一场梦，黄粱美梦或者说是习氏"中国梦"。如果你还沉浸在"强国强军"的虚无之中，而对眼前的生存和人格都不顾，那么，你只能是赖活都不得的下一波牺牲品，连祭品都当不上。

当你笑看西方遭受国际恐怖主义威胁的时候，你可想过真正死于国际恐怖主义的人数全球加起来也抵不过遭受政治迫害和权力斗争中遭受清算的人的总数。但民主国家人们的生命却如此宝贵和有价值，以至于他们的政府耗费巨大的努力打击国际恐怖主义，这就是生命的尊严，而不是那些被人祸夺走生命后再被当作喜事操办的无尊严的道具。

毫无疑问地有人会指责我们在煽动颠覆。请允许我们告诉你，我们没有在煽动任何人，这些是一个追求自由与尊严者的生命的呐喊，可能这一嗓子呐喊一点作用都没有，但生命的尊严终会激励我们去呐喊：不要再做赖活而不得的苟且之人了，2016 是奋斗之年，是我们迎接自由与尊严之年，更是我们对子孙后代尽责的一年。

4 六·四，与我们每个人都相关

早准备，穿黑衫

摘自中国民主党网站

【编者按】本文摘自中国民主党全国联合总部的网站，由于文章并未署名，因而本文也未署名。

三年前的今天，一班网友在讨论如何纪念六四周年，最后大家同意以身穿黑衫来表达我们对六四遇难者的怀念及对难属的声援。这样一个活动首先得到香港支联会的大力支持与响应，闻讯即以黑衫为当年的六四维园烛光晚会的纪念衫，直至今日，这一颜色保留了下来。不仅如此，随后在香港爆发的由学民思潮发起的反洗脑教育的运动中，学生们也身着黑衫表达他们的抗议，再后来，我们都知道著名的占中三子发起黑衫游行、黑布行、香港法官以黑衫表达对中共粗暴地发布八三一文件的抗议，在台湾，太阳花运动中，五十万人身着黑衫游行，表达对服贸协议的抗议，还有许多次的其他活动，不仅如此，每年内地公民同样有不少朋友在六四那天身着黑衫以表示对武力杀害无辜平民、暴力迫害平民的暴政的抗议。三年来，黑衫已经成为中国公民反抗专制暴政的标志。今年，我们又迎来了第二十六个六四天安门大屠杀的纪念日，我们多么希望这种无声的抗议能够结束，以便我们可以用更加公开的方式来纪念这一国殇之日！然而，我们仍然需要继续努力，我们仍然需要继续以身着黑衫的方式，表达我们对专制暴政的抗议与控诉。

明天就是清明节了，现在再次想起死难的市民与同学们，想起难属，包括天安门母亲们的悲凉，他们仍然面对着来自官方的巨大压力，昨天逝者王楠的父母去祭奠自己的孩子遭到一群国宝的严密监视。

而在湖南，人们无法去给被自杀的当年的义士李旺阳扫墓，只能远远地拱手，然后默默地离去；而还有人在清明节不到的时候即已经被国保控制，失去行动的自由；还有更多更多的人在暴力的淫威之下不得不收声。

我们看到这些、谈起这些是希望告诉我们自己和同样受到专制暴政煎熬的同仁们，仍然是那一句话：请无声地在六四那天穿上一件黑衫，表达心中的抗议。在恐怖暴政的年代，我们需要让我们自己身处小监狱的外面进行抗争，所以，你不必特意做出一些敏感的行为，你只需要穿一件黑衫来告诉你自己，不过更重要的是告诉你周围的同仁：黑衫是我们抗议专制暴政的标志，也是让我们保持不被关进小监狱的方式。

有人或许认为六四与自己没有关系，其实这是一个误判，六四标志着中共公开走向人民的对立面。今天我们都知道游行示威已经在实际上成为不可能了，每年都有人依法申请游行示威，然而这些人无一不被逮捕和入狱的，今天，又一位勇士申请游行示威以抗议看守所警察性虐被拘留人士，然而我们不无担心他的人身安全。为什么会如此？因为在六四天安门之后，不仅全国进入肃杀状态，而且，在 1989 年 10 月，中共通过了一项集会游行示威法，表面上声称为了保障公民的游行示威的权利，实则是剥夺了宪法赋予公民的游行示威的权利，中共以一部普通法律限制宪法保障给公民的自由权利，从此，任何游行示威都被"不批准"，任何三人以上的聚集均被认定为"非法集会"，这就是为什么今天有如此多的国保抓捕所谓的"非法集会"人士，连一起吃饭也不被允许，连举办婚庆也会遭到抓捕。这就是实质性的宵禁状态，这就是在六四北京军管结束后开始实施的所谓法律，其实是一部暴力恐怖统治的恶法，代表着对人民权利的赤裸裸的剥夺。从六四至今，我们处于宵禁状态下的所有公民，都与六四有关，因为这个恶法就是从六四开始的。

然而，我们如何能表达我们的抗议呢？集会游行示威都意味着被抓捕。六四黑衫正是在这样的背景下提议，也就是说，虽然六四那天着黑衫看起来是对逝者的怀念和对难属的慰问，但也是自我意志的无声的表达。这就是为什么在香港台湾和澳门，人们以黑衫与黑布表达对中共的抗议。

在六月四日那天身着黑衫，对于你一个个人不代表任何反抗与抗议的行为，甚至可以被完全地忽略，因此，每年我们看到在六月四日那天，虽然有少量身处大陆的人着黑色上衣，我们却不会感觉那是一种力量。是的，确实如此，这也正是我们号召那天穿黑色上衣的初衷，就是逐年地扩散这样一个"仪式"，使得最终在暴政统治的土地上，在某一个特定的日子，人们能够无声地汇聚到一起，黑衫就是汇聚的标志。我们无须有任何其他配饰或标语，我们只是以合法的方式展现一束光亮给黑暗中的世界。

我们总有人以为苏东巨变是偶然形成的，其实不然，他们的抗争已经持续了一二十年才有了最后的那一刻。

我们看到德国每年会纪念柏林墙倒塌的那一刻，不过，我们不要忘记莱比锡那个教堂，他们每周一燃起的蜡烛和为和平举行的祈祷在之前已经有了近十年的时间。没有任何事情是一蹴而就的，更何况是面对强力的恐怖暴政呢？只是我们所看到的或者吸引全世界人民关注的是最后那一刻，如柏林墙的倒塌。

因此，在三年后的今天，我们仍然向所有华人呼吁，尤其向身处大陆的难民们，请在六月四日穿上一件黑色的上衣！我们无需聚集，无需口号，无需敏感装饰，我们只需要以一件黑衫来显示你我的力量。让我们将之当作在黑暗中推倒柏林墙的烛光和那黑夜中的祈祷，让我们每年坚持，使得中国也有另一种莱比锡的烛光，照亮我们的心灵与我们身处的黑暗世界。

今年的六月四日将是第四个黑衫纪念逝者的年份了。让我们共同努力，让黑暗中的烛光不要熄灭，让它给越来越多的人带来希望，终有一天，让它照亮整个中国。

在此，我们仍然一如既往地感谢前面几年一直不懈努力默默支持我们的全球华人，尤其是身处中国大陆的朋友们。我们期待着第四年能够看到更多的人勇敢地表达对恐怖暴政的控诉与抗议。

5 评万润南之习同学：你其实有机会比普京更伟大

戈阳

不知万润南先生与习近平是否为"同学"，然而在正式场合中，例如官方活动及论述性文章，言者均不以"私人称呼"代替"公共称呼"，即使美国这样的民主社会也是一样。退一步说，即使你和他是同学，要知道他不过是"工农兵学员"，你以此为自豪吗？这个暂时不谈，万先生对习近平的三次出丑言论的评价是：这些言论有个性，"让人耳目一新"，而实际上这种话之所以其他政治家从来不会说，是因为说出来实在是丢人现眼。这好比有人说某个产品在市场上没有，推出市场后必定能赚钱，却不知道之所以没有该产品，不是因为该产品新颖，而是因为没有足够的市场来支撑这门生意。同样，说这样话的政治家不是"很有个性"和让人"耳目一新"，而是愚蠢，未曾经历文明社会的政治界的熏陶。

具体看习近平的这些出丑的言论：1、"西方人吃饱了没事干"：这是市井小民才说的话，若用这种鄙俗的语言来搞"亲民秀"的话，那只能和"习包子"的笑料一样被人耻笑；2、"鞋论"：习将非常复杂的社会关系用最简单的"鞋与脚"的关系来比拟，这在逻辑上叫作"机械类比"，是基本的逻辑错误，受过逻辑训练的人都不会犯这种低级错误，其丑态与头脑不发达的毛新宇博士将军有得一拼；3、"性格论"或"性格决定命运"。我想问，这个论断是否表示"性格相同的人命运相同"？性格是心理学的一个概念，人的基本性格不超过二十种，用二十种性格进行演变，能得出几百上千种不同性格，然而这个世界有 70 亿人，是否只有几百上千种命运呢？这显然是基本的逻辑错误。同样性格的人，其命运之不同可以到"做皇帝"和"做乞丐"的天壤之别，这是历史上亚历山大大帝时代就发生过的事情。

万先生对习近平对普京的一句话"我觉得，我和您在性格上很相似"抱有很大兴趣。其实这句话明显地是习近平对普京拍马屁，俄国媒体对这句话"直接引用"说明俄国人笑话习近平这种没用的东西，用最市井小民的方式赤裸裸地拍普京的马屁，就好比市井小民们常以"我们是老乡"来套近乎一样。在政治场合，这样的套近乎丢掉的是整个国家的尊严。而万先生以此为依据，开始了长篇论述习近平在性格上如何与普京相似。这一句搭讪的话竟然作为"习近平与普京性格相似"的基本假设，展开了全文。

更加让人匪夷所思的是，万先生认为普京的性格是"强势"，对不起，万先生，"强势"不是性格，而是政治手段，以强势著称的强人政治是普京采取的政治手段。在普京之前，撒切尔夫人就是采取的以强势为特点的强人政治的手段，但是众所周知撒切尔夫人与普京的性格差异不是一般地大。那么，普京的性格是什么？"阴郁"、"凶险"与"狠毒"，这叫性格！相比之下，习近平所表现出的性格是：恶俗、无知和虚伪（无论是拍马屁还是亲民秀，都是虚伪的性格表现）。这种性格与"阿斗"类似——胸无点墨、浅薄、刚愎自用。但与普京的性格没有一点相像，我们可以想象普京是否会在任何场合下去和他人搭讪？以无知表现亲民？以逻辑混乱的陈述评价社会现象？

真实的结论是：1、性格与命运没有必然联系；2、一个国家的命运不由领导人的个人性格来决定，而是由这个国家的人民的力量以及文化传统对政治的影响力来决定。3、如果说专制强人政治的策略能够决定国家命运的话，上个世纪 90 年代以来的苏东坡（波）巨变、阿拉伯之春以及其他的颜色革命都告诉我们专制强人政治的结局是：统治者被推翻，下台，而不是专制强人能够给国家带来民主！

万先生从 5 方面论述习近平具有成为"强人"的条件，说他 1）根正苗红，赢得朝野欢迎，2）吃过苦，体谅底层；3）清华社会学系孙立平的学生，耳濡目染；4）有清华同窗为智囊，增加"正能量"5）胡锦涛裸退，扫清执政障碍，使他具有无人比拟的权力资源。先不评论这些条件是否构成实施"强人政治"的充分条件，先看这些"条件"本身是否成立：

1、根正苗红的人若是说得到太子党的认可，这或许是，然而民间会拥戴"根正苗红"的太子党吗？现在已经早不是文革时代了，"根正苗红"的人接班，在民间引发的只能是民众的反感，因为它意味着天朝开始北朝鲜化，成为金家王朝的翻版，这让人民感到的是愤怒、欺骗和鄙视，而不是拥戴；

2、吃过苦就能体谅民众吗？他发一个言说 44 个"人民"就代表衷心爱"人民"吗？我认为除了表明他的词汇贫乏与思维迟钝以外，不表明他对人民的态度。邓小平吃过的苦更甚于习近平，可是不也照样指使二十几万军人屠杀手无寸铁的学生与市民，这些人不是民众吗？除非万先生忘记了那一段令人刻骨铭心的历史，背叛了我们人民。

3、习近平的老师不是孙立平。看来万先生不是习近平的同学，否则不会不知道一位马列主义老太太刘美珣才是他的指导老师，这位女士终生吃着马列饭，根本不懂经济，而习近平却写出了经济学的论文，拿到的是法学博士学位！关于这个 BBC 有详尽报道，该报道说："仅从学术角度讲，长达 161 页的博士论文不但漏洞百出，而且缺乏原始调研结果"；

4、三国时代的阿斗还有天下无敌的"诸葛亮"作智囊呢！曹操想吸引人才还留不住呢，结果阿斗怎么就没有得到"正能量"？这种逻辑在事实面前就无需多言了；

5、胡锦涛裸退是事实，不过具有至高无上的权力资源往往是极权政治的基础与前提， 而不是民主转型的契机。退一步说，即使以上 5 点论证全部成立，请问这 5 点能够成为习近平采取强人政治的充分条件吗？至少万先生未就"强人政治"做定义，因此我们无法认定这 5 名点就是"强人政治"的充分条件。

万先生进一步认为习近平不仅可以当上强人，而且可以当上伟人。文章读到这里，我终于明白了，原来拍这一切的马屁下来无非就是一个目的，为了乞求新帝习近平向蒋经国学习，搞民主转型，原因是习近平说过一句"将权力关进笼子里"，可是习近平不也说过，老虎苍蝇都要打吗？在专制极权社会里，由于法治的缺失，"将权力关进笼子"等同于老虎苍蝇一起打。这与小布什谈这句话的社会背景完全不同，小布什处于法治社会，法治社会中，政府必须遵守法律，而法律又是国会代表人民制定的。

然而这不算关键，关键是，习近平作为太子党一员，他有可能抛弃专制集权，搞民主转型吗？先不谈民主转型会让他损失"天下"，落得象美国总统那么穷的地步（年薪仅 40 万美元），如此微薄的收入是否能否塞住他的牙缝？其他太子党能跟着这么做吗？习近平从众多太子党中走到新帝的位置，能活着一直坐在龙椅上，当然是因为他本人有意愿要将红色江山代代传下去，否则，他会被其他太子党弄死。实际上他已几次遭其他太子党暗杀了，这也许是他在获得权位之后，以反腐名义搞政治大清洗的最重要的原因。

作为结论，我想说：社会的民主转型不是求来的，即使你跪求也得不到。民主转型必须靠人民的力量，靠我们人民的实力对抗专制暴君的武力，最终使得暴君面临十面埋伏的绝境，这时民主转型才变得有可能。

丢掉幻想，努力奋斗吧。

关于主编戈阳

戈阳对《四五论坛》的了解已经有一段时间了，并曾经在网络版的《四五论坛》上发表过文章，受到读者喜爱。戈阳为中国大陆学者，主修美国历史，对宪政多有涉猎。在本期《四五论坛》中，有戈阳过去的论文，供各位读者了解。

由于本论坛的战略定位原因，可能众多朋友的来稿不会发在《四五论坛》，但是戈阳愿意完全免费为异议人士提供出书或发表文章的便利。您若要出书或发表单篇文章，无需任何人审核，只要有意愿即可发行。价格上，无论是免费还是收费，均由作者自定。销售收入，只需要设立一个自己的 Paypal 账号，即可直接由书籍出版平台寄出，无需经过任何中间人的转手。

戈阳鼓励和支持异议人士上各种购书平台，正式发表文章和书籍（可匿名）。有意寻求戈阳协助发表文章或书籍的异议人士，可联系《四五论坛》。方法是：上推特，向推特账号"四五论坛"（https://www.twitter.com/45luntan）发私信。非好友亦可发送私信。

对《四五论坛》有任何评论、感想或建议的读者，请上"《四五论坛》的脸书专页"（https://www.facebook.com/%E5%9B%9B%E4%BA%94%E8%AB%96%E5%A3%87-1093925103964019/）留言，非常感谢。

戈阳的"新书发布平台专页"（https://www.smashwords.com/profile/view/Caring4China）未来将会发布除《四五论坛》以外的新书，欢迎读者访问，读者亦可通过该平台与戈阳交流。

● 注意：戈阳的新书打印版发布消息将放在脸书专页上。

www.ingramcontent.com/pod-product-compliance
Lightning Source LLC
Chambersburg PA
CBHW072113280526
45788CB00006B/2514